JN250584

キャリア・マネジメントの未来図

―ダイバーシティとインクルージョンの視点からの展望―

二神枝保・村木厚子 編著

八千代出版

は じ め に

　少子高齢化に直面する日本経済の課題に取り組み、暮らしやすい社会を築くため、政府は一億総活躍社会の実現をめざしている。それは、女性も男性も、障がいのある人もない人も、高齢者も若年者も、すべての人びとが活躍できる、いわば全員参加型の社会である。そこでは、ダイバーシティ（多様性）とインクルージョン（包摂）による持続的成長と分配の好循環が期待されている。

　とくに働き方改革は、一億総活躍社会の実現に向けて注目を集めている。働き方改革のテーマとして、正規・非正規従業員の格差解消、長時間労働の是正、単線型キャリア・パスの見直しなどが検討されている。

　こうしたなか、本書は、これからの人びとの働き方、生き方、キャリアのあり方を考察している。

　本書は、二神枝保と村木厚子による編著書である。編著者の二神枝保は、これまで人的資源管理や女性の働き方・キャリアについて教育・研究してきた。スイスのチューリッヒ大学やILO（国際労働機関）など海外における教育・研究活動を経験するなかで、障がい者の働き方・キャリアの国際モデルも念頭におくようになり、多様で、インクルーシブな社会を願うようになった。編著者の村木厚子は、厚生労働省や内閣府で長年、女性政策、障がい者政策に携わってきた。とくに女性や障がい者をはじめ、誰もが仕事においてもてる力を発揮し、人として成長できる環境をどう創るか、また、仕事と家庭生活の両立が誰にとってもあたりまえとなる社会をどう創るかを常に問題意識としてきた。

　こうした2人の共通する問題意識を背景として、本書は、ダイバーシティとインクルージョンの視点から、キャリア・マネジメントの未来図を予測し、展望している。

　本書では、「人はなぜ働くのか」、「キャリアとは何か」、「キャリアをどのようにマネジメントするのか」、「ダイバーシティとは何か」、「インクルージ

ョンとは何か」、「ディーセント・ワーク（働きがいのある人間らしい仕事）とは何か」、「ワーク・ライフ・バランスはどのように実現できるのか」、「ウェル・ビーイング（幸福）とは何か」など現代社会で働く人びとのテーマについて考察している。

　また、本書では、これまでのキャリア研究ではあまり取り上げられなかった女性や障がい者のキャリア・マネジメントについても検討し、その現状と課題を考察している。ダイバーシティとインクルージョンは時代の趨勢であり、女性や障がい者のキャリア・マネジメントは、未来のキャリア・マネジメントにとって不可欠な領域である。

　さらに、本書では、企業のキャリア・マネジメントのベスト・プラクティスを取り上げている。ダイバーシティとインクルージョンをキーワードにした、各企業の取り組みを分析・考察している。

　本書が、このテーマに関心のある大学生や大学院生、研究者、実務家の方たちに少しでも役立つならば、幸いである。

　なお、本書は、実務の第一線で活躍する専門家にも執筆にご参加頂いており、ご協力を頂いた。ご多忙のなか、キャリア・マネジメントのフロンティアについてお書き頂いたことに、心よりお礼申し上げたい。

　また、公益財団法人21世紀職業財団会長の岩田喜美枝氏には、厚生労働省雇用均等・児童家庭局長でいらした頃から長年にわたり、ご指導頂いている。女性の働き方・キャリアの考え方について多くを学ばせて頂いた。厚く感謝申し上げたい。

　最後に、本書の出版にあたり、八千代出版株式会社の森口恵美子代表取締役社長には、企画・編集において、貴重なアドバイスを頂いた。深くお礼申し上げたい。編集部の御堂真志氏には、丁寧な校正をして頂いており、大変ご尽力頂いた。心より感謝したい。

　2017年9月

　　　　　　　　　　　　　　　　　　編著者　二神枝保　村木厚子

目　　次

はじめに

序　章
本書の目的と概略

　フランス、ボルドーのケッジ・ビジネス・スクールやスイスのチューリッヒ大学で客員教授として教壇に立つ機会があったが、教室に入って驚いたことが2つあった。学生たちの多様性とキャリア意識の高さである。日本と比べると、学生たちの人種、民族、国籍、性別、年齢、身体的能力などは多様性に富んでいた。ケッジ・ビジネス・スクールでは、階段教室の最前列にはすべて車椅子の学生向けの机が設置されていた。障がいのある学生へ配慮がされており、キャンパスのアクセシビリティも進んでいた。チューリッヒ大学では、古い塔の一番上に教室があったが、講義開始前から学生全員が着席して待っており、時間になると熱心に講義に聴き入り、学生のキャリア意識も高く、質疑も非常に活発であった。

　本書は、こうした経験から筆者が感じた、2つの問題意識を出発点としている。ひとつは、日本でも大学のみならず、企業や社会においても、ダイバーシティやインクルージョンを実現しなければならないという問題意識である。もうひとつは、ヨーロッパの大学生たちと同様に、日本の大学生たちにも高いキャリア意識をもってもらいたいという問題意識である。

　ダイバーシティ（diversity）とは、人種、民族、国籍、性別、年齢、身体的能力、宗教、文化、価値観など人びとの多様性をさしている。とくに、経営学の分野では、ダイバーシティ・マネジメント（diversity management）の考え方が最近、注目されている。それは、職場における人びとの多様性を意識して、多様性それ自体の価値を認識し、それらをマネジメントすることで、職場における創造性を刺激し、幅広い視点を提供して、問題解決能力を高め、企業にフレキシビリティを導入するので、企業組織に競争優位をもたらすこ

とができるという考え方である。

　インクルージョン（inclusion）とは、社会の一員であると感じること、ありのままの自分が尊重され、評価されていると感じること、自分が最善を尽くすことができるような他の人からの支持力や貢献度を感じることをいう（Miller and Katz, 2002）。インクルージョンは、ダイバーシティと類似している考え方であるが、ダイバーシティが多様性それ自体を強調しているのに対して、インクルージョンは、その多様性を認め、受容すると同時に、人びとが共生し、包摂される存在だという、より基本的な考え方に重きをおく点において、より先進性がある。G20首脳会議においても、包摂的成長（inclusive growth）は、今日グローバルに共鳴されている最優先課題である。力強く、持続可能で、バランスのとれた成長のためには、インクルーシブでなければならないのであり、包摂的成長の必要性を強調している。

　国際労働機関（ILO：International Labour Organization）は、2014年から2017年にかけて、ディスアビリティ・インクルージョン（disability inclusion）の戦略とアクション・プランを策定している。ディスアビリティ・インクルージョンとは、障がいのあるすべての人びとが教育、訓練、雇用、社会のあらゆる側面に参加することを促進し、確保し、そうした参加が十分できるために必要なサポートや便宜を提供するという考え方であり、障がいのある人もない人も共生し、包摂されるという考え方である。なお、本書では、企業経営や雇用の視点からのアプローチのディスアビリティ・マネジメントの考え方についても詳しく述べている。筆者は、ジュネーヴのILOで2007年から1年間研究していた。世界の研究者たちがディーセント・ワーク（働きがいのある人間らしい仕事）の観点から、障がい者雇用の研究を重要視していることに感銘を受けた。

　筆者は、これまで20年近く横浜国立大学経営学部で「人的資源管理論」の講義を担当してきたが、とくにダイバーシティとインクルージョンのアプローチから、人的資源管理論のパラダイム体系を再検討してみたいという思いが強くなった。つまり、それは一人ひとりの多様性を認め、受容し、人びとが包摂され、共生できるような人的資源管理論のパラダイム体系である。

筆者は、長年女性のキャリアについて研究してきた。ILO での在外研究を経て、最近では障がい者の働き方・キャリアの国際モデルも念頭におくようになった。とりわけ女性や障がい者のキャリア・マネジメントは、未来のキャリア・マネジメントにとって不可欠な領域である。したがって、本書では、ダイバーシティとインクルージョンの視点から、とくに女性や障がい者のキャリア・マネジメントを検討したうえで、キャリア・マネジメントの未来図を予測し、展望している。そして、それが本書の最大の特徴になっている。

　ヨーロッパの大学生たちのキャリア意識が日本の大学生たちのそれよりも高かったことも、本書を執筆する、もうひとつの強いモティベーションになっている。日本の若年者たちがキャリア意識をもつことの重要性である。もちろん日本とヨーロッパの教育制度や文化の違いもある。日本と比べると、とくにスイスやドイツの教育制度は、実務的な職業人コースからアカデミックなコースまで用意する複線型であり、幼い頃から高い問題意識をもって自分のキャリアを選択している。ただし、軌道修正もできる。チューリッヒ大学の 20 代後半の学生のひとりは、5 年間ドイツの銀行に勤務した後に、もっと体系的に経営学を学ぶために大学に入学し、将来は研究者になりたいと夢を語った。

　筆者が実施した日本とスイスの企業調査の結果をみると、スイスのほうが日本よりも専門職志向の従業員が多いこと、日本ではキャリアプランをもたずに働いている従業員が多いが、スイスにはいないことがわかった。そして、キャリアプランを明確にもっている人の方が、そうでない人に比べて仕事へのコミットメントが高いこともわかった。したがって、明確なキャリアプランをもつことが、仕事へのコミットメント（job involvement）やエンプロイアビリティ（employability）を高めるうえで、重要なのである。

　現在、ヨーロッパにはエラスムス・プラスという産学官連携によるグローバル人材開発のプログラムがあり、海外インターンシップなど大学と企業のコラボレーションも積極的に行われている。学生たちは、8 週間から 10 週間、海外でインターンシップを経験できる。大学では、実務家による講義も活発である。学生たちは、海外インターンシップや実務家の講義を通じて、企業

の戦略や人的資源管理の最新の動向を知ることができるし、高いキャリア意識をもつことができる。産学官連携によるキャリア・マネジメントの重要性である。

　こうした問題意識から、筆者は 2016 年経営学部に「実践から学ぶキャリア・マネジメント」という実務家による講義科目を開講した。日本の大学生たちにもキャリア意識を高めてもらいたいという一心だった。講師陣には、女性のキャリア開発、障がい者問題、キャリア・マネジメントなどに精通した、第一線で活躍する官民の実務家をお招きした。講義は、学生に大変好評だった。本書は、その時の講師の一部の方に執筆をお願いしている。したがって、本書は、とりわけ実務家として活躍する方々に、長年の実務で直面してきた課題やこれからの展望を提案する形で執筆していただいている。そして、それが本書のもうひとつの大きな特徴にもなっており、示唆に富む内容になっていると確信している。

　以上の 2 つの問題意識から、本書では、とくに時代の趨勢であるダイバーシティやインクルージョンの視点から、キャリア・マネジメント（career management）の未来図を予測し、展望している。本書タイトルのキャリア（career）とは、経歴や仕事の経験という意味だけでなく、最近では、人の一生を通じての仕事、生涯を通じての人間の生き方・表現（Schein, 1978）という意味をもつようになっている。つまり、人生をどのように生きるのか、そのなかでどのように仕事をするのかを自分自身でマネジメントすることの重要性である。なお、本書でいう仕事（work）とは、いわゆる報酬が支払われる職務（job）のみならず、女性が従来家庭や地域で行ってきた活動（shadow work）や障がい者の福祉的就労なども含めている。そのうえで誇りや働きがいのある仕事（decent work）、幸福（well-being）、ワーク・ライフ・バランス（work life balance）についても考察しており、それらが本書の提示する新しい視点でもある。

　冒頭で述べたように、ヨーロッパでは、教育制度や職業資格制度、文化的背景も日本と異なっているので、とりわけ自分の職業や専門資格、専門技能に対するこだわりや誇りも高く、専門職志向が高い。日本もこれから成熟化

社会を迎えていくなかで、人びとはより仕事への誇りや働きがいのある仕事を求めるようになるだろう。未来に押しつぶされないキャリアを築くには、価値を生み出すような、専門知識と専門技能を習得し続けなければならないだろう。

このように、個人が職業選択に対して発言権を増し、個人主導でキャリアをマネジメントするようになると、企業も、従業員の仕事のあり方、働き方、生き方を再検討せざるを得ない。すなわち、企業サイドにも、従業員が自分のキャリアを実現できるような、魅力あるキャリア・マネジメントのあり方が求められていく。

本書のダイバーシティとインクルージョンをキーワードにした、各企業の事例は、その意味で、キャリア・マネジメントのベスト・プラクティスになっている。さらに、キャリア・マネジメントもひとつの企業内だけで完結するわけではなく、企業外部での副業や NPO（Non-Profit Organization）活動、教育機関、政府の支援などによって学習することも多く、未来の方向性として、産学官連携によるキャリア・マネジメントを展望できるだろう。

最後に、本書の概略について述べたい。

第1章では、まず人はなぜ働くのかという素朴な疑問について考察し、経済人モデル、人間関係モデル、自己実現モデル、幸福モデルを検討している。とくに本書では、幸福モデルについて、ポジティヴ心理学の立場から論じている。次に、キャリアの概念について説明している。具体的には、ライフ・キャリア・レインボー、キャリア・パーソナリティとキャリア・アンカー、境界を超えたキャリア、変幻自在なキャリア、カリヨン・ツリー型のキャリアについて、概観している。さらに、キャリア・マネジメントのあり方が組織主導から個人主導にシフトしていること、産学官連携のキャリア・マネジメントが急務であることを強調している。

第2章では、キャリア・マネジメントの課題と展望について、考察している。キーワードとして、ディーセント・ワーク、ダイバーシティ、インクルージョン、ワーク・ライフ・バランス、そしてウェル・ビーイングについて、検討している。これらのキーワードが、キャリア・マネジメントの未来を展

望するうえで、重要であり、不可欠な視点となっている。

　第3章では、女性のキャリア・マネジメントについて、国際比較の視点から、検討している。ここでは、日本的経営との関連から、女性管理職が少ない理由について論じている。年齢階級別労働力率がＭ字型カーブを描くことや非正規従業員に占める女性が多い現状についても、日本的雇用慣行との関連から、問題提起している。オランダのフレキシキュリティの視点、ノルウェーのクォータ制度の導入、アメリカの女性企業家の活躍など女性のキャリア・マネジメントにとって、国際比較の視点は示唆に富んでいる。

　第4章では、全日本空輸株式会社（ANA）のキャリア・マネジメントについて、ダイバーシティの視点から、検討している。まずANAの沿革と経営理念について述べたうえで、ANAの求める人財像や人的資源施策について論じている。ANAでは、イノベーション（新しい価値創造）を生み出すために、経営戦略としてのダイバーシティ＆インクルージョン（D&I：Diversity & Inclusion）宣言を発表している。D&I戦略によって、女性、ベテラン・シニア、クロスカルチャー、障がい者、LGBT、アスリート社員など多様な人財が活躍している。D&I戦略をリードする役員も、整備、CA、パイロット出身の多様なメンバーで構成されており、多様な経験や視点を経営に活かしている。

　第5章では、サイボウズ株式会社のキャリア・マネジメントについて、ワークスタイル変革の視点から、検討している。サイボウズでは、クラウド・コンピューティングを活用した、多様なワークスタイルを支援する制度やツールが用意されており、ウルトラ・ワークもそのひとつである。働き方のダイバーシティといえるだろう。また、自立と多様性をキーワードとして、個人のキャリアを尊重しており、とくに副業を認めることによって、パラレルキャリアの形成を推奨し、従業員の自立を促している。さらに、時間・場所・組織を超えたキャリア・マネジメントを提案し、未来のキャリア・マネジメントの方向性を展望している。

　第6章では、ギャップジャパン株式会社のキャリア・マネジメントについて、バウンダリレス・キャリアの視点から、検討している。まずギャップジャパンの企業理念、企業風土、人的資源戦略について述べたうえで、ダイバ

ーシティ＆インクルージョンの現状と課題を検討している。また、非正規従業員を戦略化するためのキャリア・マネジメントについても論じている。さらに、個に着目したタレント・マネジメントの考え方、サクセッション・プランやタレントレビューの運用について説明している。とくに、NPO サポートプロジェクトにおける越境学習の体験型リーダーシップ・プログラムは、自己イノベーションを促進する、バウンダリレスなキャリア・マネジメントの好事例になっている。

　第 7 章では、障がい者のキャリア・マネジメントについて、インクルージョンの視点から、論じている。障がいのある人が働くことの意味について考察したうえで、障がい者の雇用・就労支援のための政策、その現状と課題について検討している。そして、障がい者の雇用の進化に向けて、包摂的成長をめざし、共生社会が実現することの重要性を提言し、本書を締め括っている。

（二神枝保）

第1章
キャリア・マネジメント

第1節 人はなぜ働くのか

1 経済人モデル

人はなぜ働くのかというテーマは、キャリア・マネジメントを理解するうえで、素朴な疑問であり、根源的な論点でもある。

人はなぜ働くのかに対するひとつの答えは、「お金を稼ぐため」だろう。人間は賃金などの経済的欲求のために働くという考え方がある。これは、経済人モデルといわれる。

この考え方は、科学的管理法に象徴されるものである。科学的管理法は、19世紀末から20世紀初めのアメリカで、テイラー（F. W. Taylor）によって開発された管理制度である。科学的管理法（scientific management）では、差別的な出来高制によって、科学的分析に基づいた課業を能率的に達成した労働者に対して、高い賃金が支払われる。ここでは経済人モデルに基づいて、企業は労働者の経済的な欲求を刺激することで、労働者を動機づけ、管理する方法をとっている。

ただし、テイラーの科学的管理法は、作業能率を追究するあまり、労働者をあたかも機械の一部として捉えることで、労働者に疎外感をもたらすようになり、機械モデルとしての批判も受けることになる。

2 ヒューマン・リレーションズ・モデル

上記の経済人モデル、機械モデルを批判する形で、人は経済的欲求だけで

なく、むしろ人間関係、心理、感情、情緒等に規定されて働くというモデル、つまり、社会人モデルが登場する。このモデルは、ヒューマン・リレーションズ・モデルともいわれるが、職場における人間関係、コミュニケーション、心理・感情などに配慮し、改善することで、従業員を動機づけ、管理する。

　つまり、人はなぜ働くかに対する答えは、「良好な人間関係を築くため」である。

　人間関係が注目されるようになったのは、1920年代から1930年代初めにメーヨー（E. Mayo）、レスリスバーガー（F. Roethlisberger）たちによって行われた、いわゆるホーソン実験であった。ウェスタン・エレクトリック社のホーソン工場における実験では、職場における作業能率は、物理的作業条件（照明、休憩、温度など）ではなく、むしろ従業員たちの人間関係、心理、感情、情緒などによって左右されることが明らかになった。

3　自己実現モデル

　さらに、人は自己実現、尊重、成長などの動機づけで働くというモデル、すなわち自己実現モデルが注目されるようになる。つまり、人はなぜ働くのかに対する答えは、「自己実現欲求を充たすため」である。自己実現モデルによると、人間としてもっている自己実現欲求といった高次元な欲求をできる限り仕事において充足させるようにマネジメントすることが、大切となる。

　マズロー（Maslow, 1970）の欲求5段階説によれば、人間の欲求は低次の生理的欲求から、安全欲求、社会的欲求、尊重欲求へと階層性をなし、最高次の自己実現欲求に達するという（図表1-1）。自己実現欲求とは、人間の潜在力を実現しようとする性向であり、人間が

図表 1-1　欲求 5 段階説

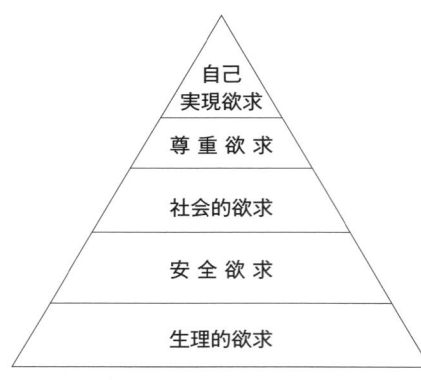

自己実現欲求
尊　重　欲　求
社会的欲求
安　全　欲　求
生理的欲求

出所：Maslow（1970）より作成。

一層個性を発揮しようとする願望、やれるすべてのことをやり遂げたいという願望（Maslow, 1970）であり、能力を発揮して達成感を得たいという人間としての最高次の欲求である。

　したがって、自己実現モデルでは、従業員の潜在力、個性、創造性、自発性、自己コントロールを最大限に活用するように、人的資源計画、採用、配置、人材開発、報酬システムなどを構築することが求められる。

4　幸福モデル

　上記の自己実現モデルをさらに発展させる形で、最近では、人は心理的な成功や幸福感を追究するために働くという考え方が注目されるようになっている（二神、2002）。心理的成功や幸福感とは、自分の考える成功基準、つまり、主観的な成功基準であり、達成感や自己有能感、仕事への満足、ワーク・ライフ・バランスといった様々な心理的な幸福感である。

　人はなぜ働くのかに対する答えは、「幸福感をもつため」であり、これを幸福モデルとする。とくに本書では、ウェル・ビーイング（well-being）、すなわち幸福についてポジティヴ心理学（positive psychology）の立場から論じる。ウェル・ビーイングは、ポジティヴ心理学の中心的な考え方であり、その概念は Seligman（1999）によって提唱された。Seligman（1999）によれば、ポジティヴ心理学の役割は、人びとが生産的で充実した生活とよい人生を送るのを助けることであるという。

　Gratton（2011）は、著書『ワーク・シフト』のなかで、なぜ働くのかに対する答えは、「充実した経験をするため。それが私の幸せの土台だ」としている。先進国の多くの人は、所得がこれ以上増えても満足感や幸福感が高まらない（Gratton, 2011）という。もちろん事態はそれほど単純ではないだろう。ただ次第に、充実した経験を味わうことが満足感や幸福感の主たる牽引役となっている（Gratton, 2011）。Gratton（2011）によれば、お金を最大の目的に働くのではなく、情熱を傾けられる経験をするために働くという、第3のシフトへ発想を転換しなければならないという。

　このようにして、従業員の心理的な幸福感を満たすと同時に、企業の生産

性、収益性を向上させることが、これからのキャリア・マネジメントの重要なテーマになっていくだろう。

ウェル・ビーイングや幸福については、第2章第5節で詳細に検討するが、ディーセントな仕事を行うことができるような職務設計、ダイバーシティを推進するための施策やハラスメント防止策、インクルージョンを前提としたディスアビリティ・マネジメント、ワーク・ライフ・バランスを実現するようなファミリー・フレンドリー施策などは、従業員の幸福にとって重要であり、今日のキャリア・マネジメントにおいて不可欠となっている。

従業員が、ディーセント・ワーク（働きがいのある人間らしい仕事）を行い、現在のように多様性の増大する社会のなかで、均等な雇用機会を与えられることによって、職務満足を高め、健康維持にも配慮し、ワーク・ライフ・バランスを実現し、幸福感をもつことが、結果として、長期的な企業の生産性向上につながるといえるだろう。

第2節 キャリアとは

1 ライフ・キャリア・レインボー

キャリア（career）は、人間としての発達、つまりライフステージやライフサイクルと深く相互に関連、影響し、その変化に対応しながら発達するという考え方がある。キャリア発達理論といわれるものである。

ここでは、キャリア発達の研究のひとつとして、Super（1980）のライフ・キャリア・レインボー（Life Career Rainbow）について、検討する。

Super（1980）は、ライフステージを①成長段階（Growth Stage）（0-14歳）、②探索段階（Exploration Stage）（15-24歳）、③確立段階（Establishment Stage）（25-44歳）、④維持段階（Maintenance Stage）（45-64歳）、⑤下降段階（Decline Stage）（65歳以降）の5つの段階に分けている。Super（1980）は、この一連のライフステージにおいてキャリアが発達していくとしているが、節目（transition）においても成長、探索、確立が螺旋状に繰り返され、キャリアが発達すると述べている。

図表1-2　ライフ・キャリア・レインボー

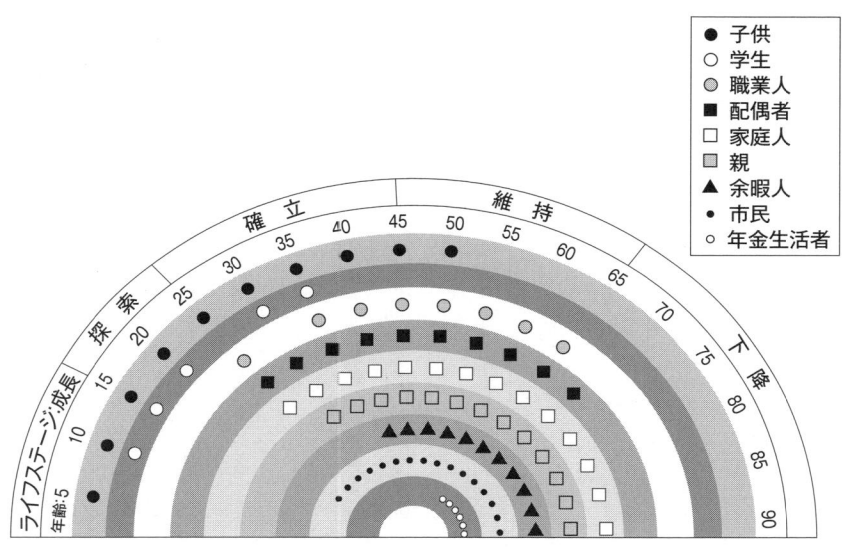

出所：Super（1980）より一部修正のうえ、二神作成。

　とくに、Super（1980）は、キャリア発達が人生の役割と密接に関連していることを主張している。Super（1980）のライフ・キャリア・レインボーによれば、人は生涯において、子供、学生、職業人、配偶者、家庭人、親、余暇人、市民、年金生活者の9つの役割を果たす（図表1-2）。そして、人びとがこうした9つの役割を演じる劇場として、家庭（home）、地域社会（community）、学校（school）、職場（workplace）の4つを挙げている。ライフ・キャリア・レインボーによれば、その人の9つの役割の組み合わせが、虹のようにその人の人生に彩りを加え、人生を輝かせる。また、人によっても、それぞれ役割の濃淡は様々であり、ライフステージによっても、それぞれ役割の濃淡は様々である。そして、この様々な役割の組み合わせが、ライフステージを通して、その人のキャリア・パターンになるのである。人生に様々な段階があるように、キャリアにも様々な段階がある。時間が経つにつれて個人の人生における需要が変化するように、仕事における需要も変化する。ライフ・キャリア・レインボーによって、人は人生の段階に合ったワーク・ラ

図表 1-3　アーチモデル

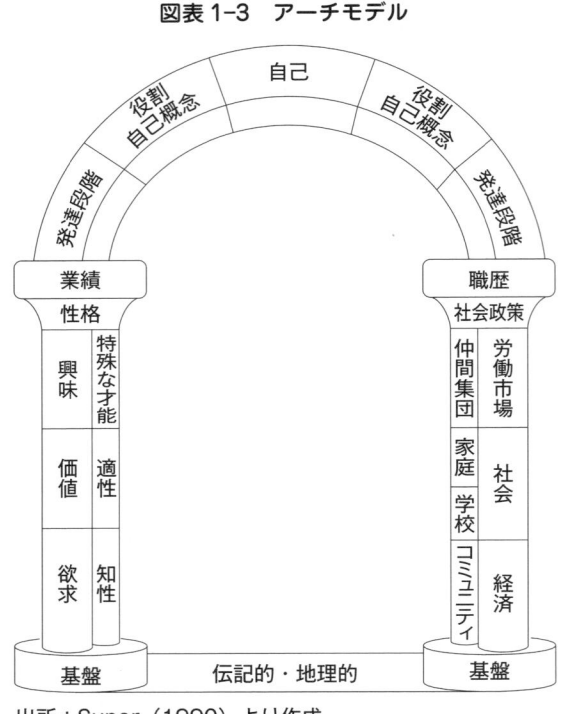

出所：Super（1990）より作成。

イフ・バランスをみつけていく。

　なお、Super（1990）は、キャリアの規定要因も明らかにし、アーチモデルを提唱している。これによれば、キャリアの規定要因には、図表 1-3 のように①個人的要因（興味、価値、欲求、知性など）と②社会環境要因（社会・経済状況など）の 2 つがあるという（Super, 1990; 宮城、1999）。

　このように、Super（1980; 1990）のライフ・キャリア・レインボーは、一生を通してキャリアは発達すること、そして、人間はライフサイクルを通して様々な役割を果たすこと、そして、個人的要因と社会環境要因との相互作用のなかでキャリアはダイナミックに発達することを指摘している。

2　キャリア・パーソナリティとキャリア・アンカー

　Holland（1973）は、個人がその性格と環境との相互作用を通して、職業選択することを説明し、キャリア・パーソナリティ（career personality）の概念を提唱している。

　Holland（1973）によれば、キャリア・パーソナリティは、6 つのタイプに分類される。すなわち、①現実的タイプ、②研究的タイプ、③芸術的タイプ、④社会的タイプ、⑤企業的タイプ、⑥慣習的タイプである（二神、2006）。

　ちなみに、現実的タイプの人は、はっきりと順序だった系統的な活動を好み、教育的、あるいは治療的な仕事を嫌がる性質がある。研究的タイプの人は、観察に基づく論理的、創造的な研究活動を好み、社会的で反復的な作業を嫌がる性質がある。芸術的タイプの人は、自由かつ体系づけられない活動を好み、体系的、秩序だった活動を嫌がる性質がある。社会的タイプの人は、人を訓練したり、教育する活動を好み、具体的かつ秩序だった活動を嫌う性質がある。企業的タイプの人は、組織目標の達成や経済的な利益の獲得のために人を動かす活動を好み、研究活動などの抽象的な活動を嫌う性質がある。慣習的タイプは、定められた計画に従って作業することを好み、自由で探索的な活動を嫌う性質がある。

　このように、人は周囲の環境との相互作用を通して、個人の性格と職業のタイプを一致させ、職業選択や安定した職業生活を築くという（Holland, 1973）。

　また、Schein（1978）は、キャリア・アンカー（career anchor）の概念を提唱している。キャリア・アンカーとは、自覚された才能と動機と価値の型であり、個人のキャリアを導き、制約し、安定させ、かつ統合するのに役立つものである（Schein, 1978; 1996; 二神、2006）。

　Schein（1978）は、キャリア・アンカーを８つのカテゴリに分類している。すなわち、①専門・職能別能力（technical/functional competence）、②経営管理能力（general managerial competence）、③自律・独立（autonomy/independence）、④保障・安定（security/stability）、⑤起業家的創造性（entrepreneurial creativity）、⑥奉仕・社会貢献（service/dedication to a cause）、⑦純粋な挑戦（pure challenge）、⑧生活様式（lifestyle）である。

　最近、キャリアの概念は、

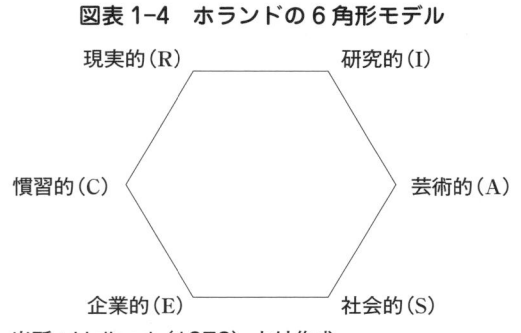

図表 1-4　ホランドの６角形モデル

出所：Holland（1973）より作成。

キャリア・マネジメントの視点から、その内容に変化が見受けられるが、とくに個人が職業選択に対して発言権を増しつつあり、個人がキャリア・アンカーを一生追究し続けることが注目されている（二神、2006）。

人びとがあらゆる方向からの変化の風に吹きつけられると感じるとき、キャリア・アンカーの明らかな感覚こそが、成長と変化を促進できる方策なのだ（Schein, 1996）。

したがって、現在キャリア・アンカーは、自分自身のキャリア選択を行うセルフ・アセスメントとして、大いに役立っている。

3　境界を超えたキャリア

ここでは、人びとの新しい働き方として、バウンダリレス・キャリアについて考察する。

バウンダリレス・キャリア（boundaryless career）とは、専門的なスキル・知識を磨きながら、どの会社にも自分を縛り付けることなく、キャリアを積んでいこうとする働き方をさしている（Rousseau, 1998; 二神、2002; 2008）。境界を超えたキャリアともいえる。Arthur（1994）は、テニュアの短縮、中小企業比率の上昇、大企業を中心とする分権化の動き、新しいタイプの仕事の創出などによって、境界を超えたキャリアが注目されるようになってきたと指摘している。

Arthur（1994）は、境界を超えたキャリアの概念について、6つのポイントを挙げている。まず第1に、Silicon Valley の人びとのキャリアのように、その人のキャリアが様々な組織を移動しながら形成される場合である。第2に、キャリアが大学人のように、現在の組織（あるいは経営者）の外部から評価されたり、市場性を得たりする場合である。第3に、キャリアが組織外部のネットワークや情報などによって形成される場合である。第4に、伝統的な組織内キャリアの境界、著しく階層的な伝達体系や昇進の原則が壊れる場合である。第5に、個人的あるいは家庭の理由から、人が既存のキャリア機会を拒否する場合である。おそらく、第6にたとえ構造的に拘束されているとしても、キャリアの行為者がバウンダリレスな、すなわち境界を超えた将

来を認知している場合である。

　なお、ここでいう境界とは、企業組織と外部市場との間の境界である。ア
メリカでは、Whyte（1956）の著書『組織のなかの人間：オーガニゼーショ
ンマン』に象徴される組織人間（organization man）が、これまでの労働モデ
ルであった。Whyte（1956）によれば、組織人間は組織に帰属し、組織に忠
誠を誓い、組織のために働く。それは、組織人間が集団の倫理（social ethics）、
言い換えれば、組織の倫理、または官僚機構の倫理ともいわれる独特のイデ
オロギーに導かれていたためといえるだろう。集団の倫理とは、他のなにも
のにもまして組織からの忠誠の要求を合理化するものであり、また心から組
織に忠誠を捧げようとする人びとには、それを果たすうえでの献身の感覚を
与えるものである（Whyte, 1956）。組織人間の心理的契約は、画一的なものだ
った。心理的契約（psychological contract）とは、個人と組織の間の交換の合
意の条件に関する個人の信念をさしており、それは組織によっても形成され
るものである（Rousseau, 1995; 二神、2002）。従業員の義務と権利に関しての互
恵的な期待ともいうべきものだ（McLean Parks et al., 1998; 二神、2002）。組織人
間は、組織への忠誠を尽くす代わりに、雇用の安定や昇進を手に入れたので
ある。

　彼ら（彼女ら）の組織とは、図表1-5の（A）のようにピラミッド型であり、
タテ方向（上司と部下）のつながりが強い、中央集権的な官僚制組織である。
この組織は、外部の環境に対して硬直的な対応しかできない。また、彼ら

図表1-5　人びとの働き方：組織人間とフリーエージェント

（A）組織人間の働き方　　　　　　　（B）フリーエージェントの働き方

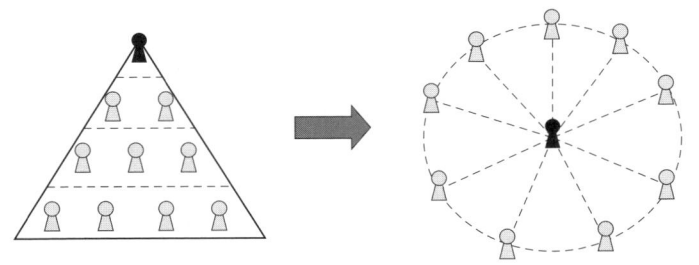

出所：二神（2008）より一部修正のうえ、作成。

（彼女ら）は組織の境界のなかで働き、組織への忠誠、組織コミットメントも高い。

1990年代には、広範な産業で大企業を中心に企業買収が繰り返され（Allan, 2002）、結果として、大量の人員削減が行われた。もはや企業組織は絶対的なものではなくなり、人びとの仕事や働くことへの意識は少しずつ変化し始めた。

さらに、21世紀を迎えて企業が戦略的な理由からコア・コンピテンシーに集中し、アウトソーシング（outsourcing）を実施するようになると、企業と市場の境界はますます曖昧なものになった。コア・コンピテンシー（core competency）とは、企業が世界の最良レベルで行うような一連のスキルやシステムのことであり、それによって企業は顧客に独特で高い価値を生み出す（Quinn, 1999）。

こうしたなかで、最近では、組織に雇われない働き方、組織の境界を超えた働き方として、フリーエージェント（Free Agent：FA）やインディペンデント・コントラクター（Independent Contractor：IC）、マイクロビジネス（micro-business）などの働き方が注目されるようになってきた。なお、フリーエージェントとは、組織に雇われない、そして雇わない、つまり組織に縛られない働き方である（Pink, 2001）。インディペンデント・コントラクター、マイクロビジネス、派遣社員などのカテゴリーがある。インディペンデント・コントラクターとは、専門性の高い仕事を期間限定で請け負い、雇用契約ではなく、業務単位の請負契約を複数の企業と結んで働く独立・自立した個人であり、独立業務請負ともいう。マイクロビジネスとは、従業員10人以下で、出資金3万5000ドル以下のビジネスをいう（The Microbusiness Research Iustitute, 2008）。

彼ら（彼女ら）は、ひとつの組織の境界のなかにおける昇進や雇用の安定という動機づけよりも、Hall（1996）のいう、心理的成功（psychological success）、すなわち自分の人生における最も重要な目標を成し遂げたことによる達成感とか充実感とか、誇りのようなものを求めている。また、Csikszentmihalyi（2000）のいう、フロー（flow）の状態を体験し、仕事に没頭する。つまり、

Pink（2009）の主張するモティベーション 3.0 ともいうべき、自律性や熟達、目的を求めて働いている。そして、自分の専門性を武器に組織の境界を超えて個人や企業とコラボレーション（collaboration）を行い、図表1-5 の（B）のように、ネットワークを形成している。

　そして、現在コラボレーションの範囲は拡大している（二神、2008）。コラボレーションとは、Kanter（1994）によれば、単なる交換ではなく、新しい価値を創造するための協働をいう。21 世紀において、インターネットなど情報技術の進展に伴い、人びとのコミュニケーションの範囲は拡大し、SOHO（Small Office Home Office）やサテライト・オフィスのように、場所や時間を超えて人びとはコラボレーションを行い、新しい価値を創造するようになった。人びとの働く目的や価値観の多様化に伴い、就業・雇用形態は多様化し、プロジェクト志向的な働き方も増えている。

　したがって、図表1-6 にあるように、従来企業はひとつの企業の境界のなかで人材を育成・活用し、キャリア・マネジメントを行ってきた（図表1-6 左側）。しかし、最近では、企業はコアな業務・人材を中心として、IC のような企業外部の人材と企業の境界を超えて一時的にプロジェクトを作るなどコラボレーションを行い、外部環境の変化にフレキシブルに対応しながら、キャリア・マネジメントすることも重要になりつつある（図表1-6 右側）。企業外部の IC も、企業組織や他の IC とコラボレーションを行いながら、個人を中心とするネットワークを形成している。図表1-6 右側に示されるこうした働き方は、市場に限りなく近い働き方でもある（二神、2008）。

図表 1-6　人びとの新しい働き方

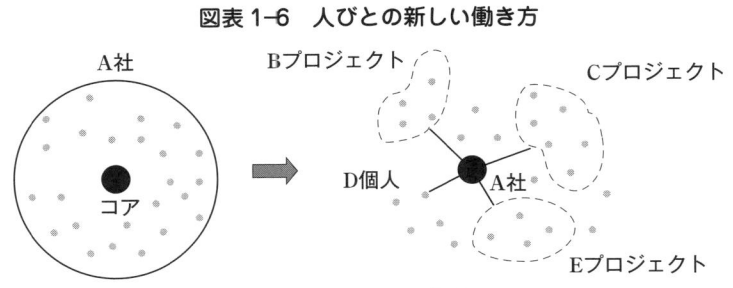

出所：二神（2008）より一部修正のうえ、作成。

　もちろん組織の失敗がある一方で、他方市場の失敗もある。人びとの働き方やキャリア・マネジメントは、これからどのような方向にむかうのだろうか。その答えのひとつが、境界を超えたキャリアであり、それは人びとの新しい働き方の方向性を示唆している。そして、境界を超えたキャリアをマネジメントするうえでポイントになることは、コラボレーションやフレキシブルなネットワーク、専門性、そして明確なキャリア・ヴィジョンをもつことである。21世紀において、境界を超えたキャリアは、重要な視点になっている。

4　変幻自在なキャリア

　プロティアン・キャリア（protean career）とは、Hall（1996a; 1996b）が提唱した概念である。プロティアン（protean）という言葉は、ギリシャ神話に登場するプロテウス（Proteus）という海神に由来する。プロテウスは、海神ポセイドンの従者として、アザラシなどの海獣の番人をつとめており、ナイル川河口に近いファロス島の海岸に現れたという。プロテウスは、予言能力と自らの姿をライオン、大蛇、豹、猪などに自由に変身させる能力をもっていたという。

　こうしたことから、プロティアン・キャリアとは、人間や環境が変化するにつれて姿を変えるような、つまり、変幻自在なキャリアをさしている。

　Hall（1996a）によれば、キャリアの究極の目標は、心理的成功（psychological success）であり、それは人生における自分の最も重要な目標を成し遂げることによって得られる誇りや達成感というべきものである（二神、2002）。これまでのキャリアの目標が、トップへの昇進や多大な報酬の獲得のように、唯一のものであったのに比べて、人間の欲求は人それぞれであるので、心理的な成功を得る方法は、無限に存在する（Hall, 1996a; 二神、2002）。

　新しいキャリアの契約は、組織とではなく、自分自身や自分の仕事と取り決められる。キャリア・パスは、自分自身のキャリア・ヴィジョンや中心となる価値体系、すなわち、自分の心に基づいて設計される（path with a heart）といえるだろう（Hall, 1996a; 二神、2002）。

図表 1-7　キャリア・ステージの新モデル

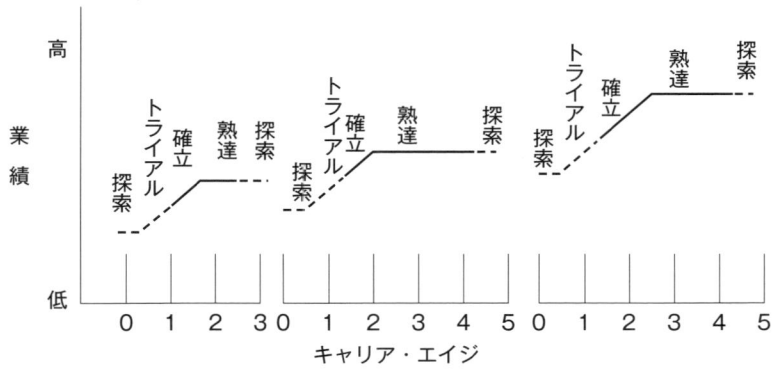

出所：Hall（1996a）より一部修正のうえ、二神作成。

　Hall（1996a）によれば、21 世紀のキャリアは、実年齢やライフステージによってではなく、継続的な学習やアイデンティティの変化によって、評価されうるという。Super（1980）は、キャリアを人生の発達段階によって作り上げられるものと考えたが、Hall はむしろキャリアを一連の学習段階として捉えており、

図表 1-8　学習による成果

		学習対象	
		タスク（課業）	自己
学習期間	短期	業績の向上	職務態度の変化
	長期	適応力の向上	アイデンティティの開発と拡大

出所：Hall（1996a）より一部修正のうえ、二神作成。

実年齢ではなく、キャリア・エイジ（career age）、つまりキャリアをどのように重ねるかが重要であると強調している（図表1-7）。

　Hall（1996a）は、学習を 2 つの次元から考察し、学習の期間と対象によって、4 つのセルのマトリックスを作成している（図表1-8）。このマトリックスによれば、世界が変化するにつれて、変化するタスク状況と新しい自己イメージに適応するために、学習できることが多くなればなるほど、どのように学習するかをそれだけ多く学習することになる（Hall, 1996a）。つまり、適応力とアイデンティティは、基本的なスキルや知識よりも高い次元のコンピテン

シーであり、21 世紀の自ら方向性を決める変幻自在なキャリアの基本として通用するものは、まさにどのように学習するかの能力（capabilities）であるという。そして、適応力とアイデンティティの学習は、他の人びととの相互作用やコラボレーションのなかで行われるし、ダイバーシティのなかでその学習はより一層効果的になるとしている。

　Hall（1996b）は、「従来の組織主導のキャリアは死んで、個人主導のキャリアが長く生き続け、繁栄する（*The Career Is Dead-Long Live the Career*）」と表現し、それは著書のタイトルにもなっている。Hall（1996b）は、キャリアを生涯の一連の仕事経験と個人的学習と再定義するならば、変幻自在のキャリアは決して死なないという。変幻自在のキャリアは、心からのキャリア・パスを探究し、いわば主観的キャリアを形成する。組織によってではなく、個人によって導かれるキャリア・働き方であり、組織環境が変化するなかで、時間が経過するとともに、変幻自在するキャリア・働き方である（Hall, 1996a; 二神、2002）。そこでは、適応力とアイデンティティの学習が重要な能力（capabilities）になると主張している。

5　カリヨン・ツリー型のキャリア

　Gratton（2011）によれば、今後主流になるのは、いくつもの小さな釣鐘が連なって職業人生を形作るカリヨン・ツリー型のキャリアだという。Gratton（2011）は、活力を失わず、精力的に仕事に打ち込み続けるために、様々な要素を取り込んでキャリアのモザイクを描き、いわば教会のカリヨン・ツリー（組み鐘のタワー）型のキャリアを実践することを提案している。

　ここでは、精力的に仕事に打ち込む期間と、長期休業して学業やボランティア活動に専念したり、仕事のペースを落として私生活を優先させたりする期間を交互に経験し、ジグザグ模様を描きながら仕事のエネルギーや機能を高めていく。

　キャリアのパターンが変化しつつあるのは、人びとの寿命が延びたことの直接的な結果である。従来、職業人生は短距離走のようなものであったが、それが長距離走に変わりつつある（Gratton, 2011）。こうしたマラソン的なキ

ャリアにどう備えればよいのかの答えが、カリヨン・ツリー型のキャリアなのである。

　Erickson（2008）は、著書『退職を退職する』のなかで、退職という概念をなくすことを提案している。退職者の約半数は、退屈で不安を感じていると述べており、多くの人びとは、純粋に余暇だけの人生を送りたいわけではない。多くの成熟した労働者たちは、時間のかかる無理なやり方で働くのではなく、自分の興味を探索しながら働き続けたいと思っている（Dychtwald et al., 2004; Erickson, 2008）。Erickson（2008）は、フレキシブルな働き方（flexible work）を提言している。ここでいうフレキシブルな働き方とは、育児や介護を行う労働者のためのパートタイムやジョブシェアリング、テレワークといった、従来のフレキシブルな働き方よりも広い範囲のものを想定しており、高齢の労働者や昇進を望まない労働者も対象にし、フレキシブルな退職も推奨している。フレキシブルな退職とは、無期限に働き続けるような、いわばフレキシブルな働き方を論理上延長したものである。したがって、フレキシブルな退職は、高齢の労働者たちが働き続ける誘因となるのみならず、ある意味退職生活にも貢献することになる。

　人びとが、フレキシブルに長く働き続けるようになると、カリヨン・ツリー型のキャリアが有効になる。カリヨン・ツリー型のキャリアのあり方は、伝統的なキャリアに比べて、柔軟性が高く、生産的な活動を続ける期間も長い。Erickson（2008）は、学業に専念するために仕事のペースを落としたり、次の段階になってすべてのエネルギーを仕事に打ち込んだりすることで、その人のキャリアはいくつもの小さいな釣鐘が連なって形成されるとし、これをカリヨン・カーブ（carillon curve）と呼んでいる（図表1-9）。

　職業生活で大きな価値を生み出し、仕事に楽しさを見出すのを望むのであれば、学校を卒業しても学習は終わらないし、生涯にわたり学習と自己研鑽を重ね、絶えず成長を続け、エネルギーを自分に注入し続けなければならない。そのために、長期間仕事を休んで専門技能に磨きをかけたり、学校に通って新しい専門技能を学んだり、師匠について見習いをする必要もある（Gratton, 2011）。

図表 1-9　カリヨン・カーブ

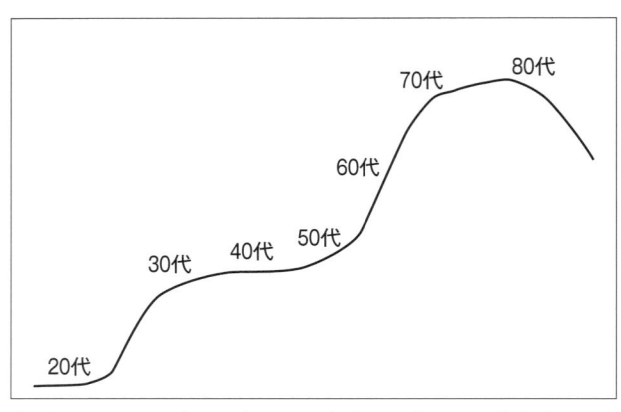

出所：Erickson（2008）より一部修正のうえ、二神作成。

　Gratton（2011）は、未来の仕事の世界で成功できるかどうかを左右する要因のひとつは、その時代に価値を生み出せる知的資本を築けるかどうかであると強調する。つまり、専門技能を連続的に習得することが大切なのだ。未来に押しつぶされないキャリアを築くには、価値を生み出せるような、希少性がある、模倣されない専門知識と専門技能を習得し続けなければならない。専門技能を習得・向上させるためにも、カリヨン・ツリー型のキャリアは有効である。

　このように、カリヨン・ツリー型のキャリアを形成する場合には、その生涯に様々な要素がモザイク状に入り組むし、どういうモザイクを描き上げるかは一人ひとり異なる。

第3節　キャリア・マネジメント

1　個人主導のキャリア・マネジメント

　Gratton（2011）は、著書『ワーク・シフト』の冒頭で、2025 年、私たちはどのように働いているだろうかという疑問を投げかけている。そして、漠然と迎える未来には孤独で貧困な人生が待ち受け、主体的に築く未来には自

由で創造的な人生があると答えている。カリヨン・ツリー型のキャリアで述べたように、一人ひとりが自分なりの働き方の未来を築いていかなければならない。

　また、変幻自在のキャリアでも述べたように、人びとは心理的成功を探究している。キャリアは、自分自身のキャリア・ヴィジョンや中心となる価値体系、すなわち、自分の心に基づいて設計される。そして、その方法は無限に存在する（Hall, 1996a; 二神, 2002）。

　したがって、キャリア・マネジメントも、従来のように、組織主導のものから個人主導のものにシフトしていくだろう。

　どのように個人主導のキャリア・マネジメントを戦略的に実施すればよいだろうか。組織のニーズと個人の目標、専門性をすり合わせるためには、どのようにキャリアを計画し、実行し、モニタリングすべきなのだろうか。組織が市場の変化に備え、競争に注意を払い、未来に向けてポジショニングをするため、戦略的に計画を策定しなければならないように、個人も自分のキャリアを戦略的にマネジメントしなければならない。

　Simonsen（2000）は、キャリア・マネジメントを航海にたとえている。戦略的キャリア・マネジメント（strategic career management）、すなわち、航海を成功させるためには、キャリアの羅針盤が必要であるという（図表1-10）。キャリアの羅針盤（career compass）には、①戦略的セルフ・マネジメント（strategic self-management）、②戦略的キャリア診断（strategic career diagnosis）、③価値に基づいたキャリア・マネジメント（value-based career management）、④戦略的ヴィジョン（strategic vision）、⑤戦略的アドバイザー（strategic advisors）、⑥戦略的目標航海法（strategic goal navigation）といった6つの要素がある。

　そして、戦略的キャリア・マネジメントには、3つのステップがあるという。

　ひとつめのステップは、内面に目を向けること（looking inward）、すなわち、内省することである。仕事の満足感を得るには何が重要かを認識すること、自分の興味や欲求、価値、才能に気づくことである。セルフ・アセスメント

図表 1-10　キャリアの羅針盤（Your Career Compass）

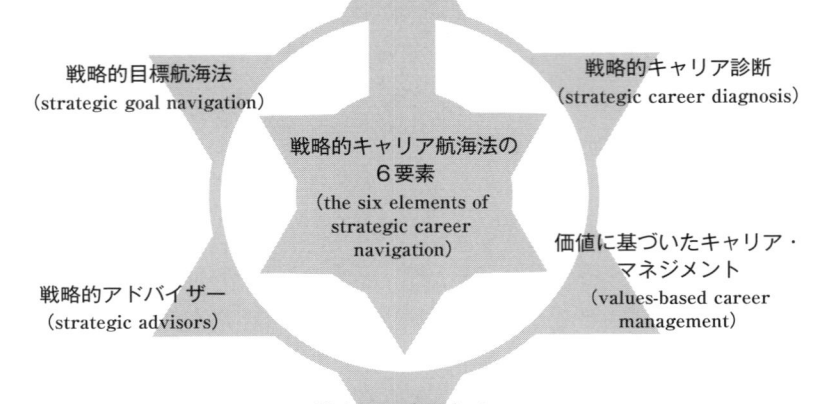

戦略的セルフ・マネジメント
（strategic self-management）

戦略的目標航海法
（strategic goal navigation）

戦略的キャリア診断
（strategic career diagnosis）

戦略的キャリア航海法の
6要素
（the six elements of
strategic career
navigation）

価値に基づいたキャリア・
マネジメント
（values-based career
management）

戦略的アドバイザー
（strategic advisors）

戦略的なヴィジョン
（strategic vision）

出所：Simonsen（2000）より一部修正のうえ、二神作成。

によって、すでに説明したキャリア・アンカーやキャリア・パーソナリティを意識することも、大切だろう。また、変幻自在のキャリアでも説明したように、アイデンティティの開発は長期に学習することによって、体得されるものでもある。

　2つめのステップは、外側に目を向けること（looking outward）である。自分のキャリアの意思決定や機会に重大な影響を与えるような外部の情勢に注意を払うことである。つまり、自分のスキルや嗜好が市場のそれとかみ合っているのか、どのように自分は貢献できるのかについて精通していることが、大切である。外部環境に常に目を向けることで、それに適応することは、変幻自在なキャリアでも強調したように、戦略的キャリア・マネジメントにとってきわめて重要な能力である。

　3つめのステップは、将来に目を向けること（looking forward）である。内側と外側に目を向けた結果をふまえて、将来の目標を設定し、短期および長

期に行うべき仕事は何かを明確にする。戦略的キャリア・マネジメントは、個人の目標と組織の目標をすり合わせることである。目標を主体的に達成するために、カリヨン・ツリー型のキャリアで説明したように、専門技能と専門知識を習得・向上させることも、有効であるだろう。

2　産学官連携のキャリア・マネジメント：日本とヨーロッパの比較の視点から

　これまでキャリアの概念を検討してきたが、キャリア・マネジメントも組織主導から個人主導へ移行しつつあることがわかった。そして、戦略的キャリア・マネジメントを実施するうえで、将来に目を向けて専門技能と専門知識を習得し、学び続けることが重要であることもわかった。

　ここでは、専門技能を身に付け、プロフェッショナルな人材として活躍するためにも、産学官連携のキャリア・マネジメントが有効であることを検討したい。日本とヨーロッパ、とくにドイツやスイスの人材開発システムを比較することで、それを明らかにしたい。

　ドイツやスイスの教育制度は、実務的な職業人コースからアカデミックなコースまで用意する複線型である。幼い頃から高い問題意識をもって、アカデミックな道に進むのか、より実務的な職業人の道に進むのかの意思決定を行い、自分のキャリアを選択している。ただし、軌道修正もできる。一定期間企業に勤務した後、大学で学び直す学生も少なくない。職業人の道を選択した後でも、大学や大学院に進学できるなど複線型のキャリア・ルートが用意されているのだ。

　スイスやドイツの若年者の職業教育・訓練を支えている制度のひとつが、デュアル・システム（dual system）といわれる徒弟制度である。徒弟制度において、徒弟は職業学校で理論を勉強しながら、同時に企業で現場訓練によって実践を学ぶ。このことから、デュアルシステム、すなわち、2元的制度と呼ばれている。その間、徒弟は企業と徒弟契約、もしくは訓練契約を締結する。徒弟は企業での徒弟期間（訓練期間）を修了した後、その企業に採用される場合もあるが、同じ業界の他企業に採用されることもある。

　教育投資した人材を他企業に採用されてしまうリスクがあるにもかかわらず、こうしたデュアル・システムが機能する理由には、自己の企業を超える全体に対する責任（Arnold, 1994）、すなわちドイツ企業の社会的責任であるといわれている。ドイツやスイスでは、業界全体で専門技能をもつ人材を育成するという考え方が根付いているためであろう。

　筆者が実施した日本企業とスイス企業で働く販売職と技能職の従業員を対象にした調査によれば、専門技能の習得の場について、そこでの経験が役立った程度を尋ねると、日本では全体の 55.4 ％、スイスでは全体の 66.7 ％が、現在の会社の OJT と OffJT が非常に役立っていると回答している。さらに、スイスでは全体の 69.2 ％は、デュアル・システムが非常に役立っていると回答している。それに対して、日本では大学（2.7 ％）や高校（6.1 ％）、インターンシップ（0 ％）が非常に役立つと回答する者は少なく、専門技能の習得にはさほど役立っていないことがわかる（二神・村本、2016）。このように、スイスでは産学官連携によるキャリア・マネジメントがうまく機能しているのに対して、日本ではうまく機能していないことが明らかとなった。

　また、スイスでは専門職志向の従業員が全体の 34.2 ％であるのに対して、日本では 8.3 ％にすぎない（$\chi2 = 17.2$, $df = 1$, $p < .01$）。逆に、日本ではキャリア・プランをもたない従業員が全体の 20 ％であるのに対し、スイスでは 0 ％となっている（$\chi2 = 9.03$, $df = 1$, $p < .01$）（二神・村本、2016）。このように、日本では専門職意識も低く、キャリア・プランを明確にもたずに働いている人が多いことが明らかとなった。

　専門技能を高めること、そして、明確なキャリア・プランをもつことは、戦略的キャリア・マネジメントにおいて、将来を展望するうえで、有効である。したがって、スイスやドイツのように日本でも、産学官連携のキャリア・マネジメントによって、専門技能を学び続けるシステムを構築することが不可欠であるし、早期にキャリア教育を実施し、職業意識を身に付けさせ、キャリア・プランを明確にすることも重要であるだろう。Heckman（2008）は、認知力や非認知力の形成にとって、年齢が低いほど、教育投資効果が高いことを示している。このことからも、子供の頃からのキャリア教育や職業への

方向付けの重要性が指摘できるだろう。

　さらに、現在ヨーロッパでとくに注目されているのが、エラスムス・プラス（ERASMUS+：European Region Action Scheme for the Mobility of University Students）という産学官連携によるグローバル人材開発の取り組みである。エラスムス・プラスでは、EU 域外も含めてヨーロッパの大学生や大学院生たちが留学プログラムによって流動化している。留学以外にも、海外インターンシップなど大学と企業のコラボレーションも積極的に行われている。学生たちは、8 週間から 10 週間海外でインターンシップも経験できる。エラスムス・プラスに対する評価をまとめた報告書のエラスムス・インパクト・スタディ（The Erasmus Impact Study）によれば、学生の 81 ％は、海外経験によってトランスバーサルなスキル（transversal skill）、すなわち、新しい挑戦を受け入れる姿勢や好奇心、問題解決スキル、意思決定スキル、自信、他者の価値や行動への寛容さなどが向上したと感じている。また、企業の 92 ％もこうしたグローバルな経験で培われたトランスバーサルなスキルを求めている。さらに、海外経験がある学生はそうでない学生に比べて長期に失業する割合が半分であり、卒業後 5 年間における失業率も 23 ％低い。つまり、エラスムス・プラスのグローバルな経験によって学生のエンプロイアビリティ（employability）、いわゆる雇用され得る能力が高まるといえる（二神、2016a）。このように、産学官連携によるエラスムス・プラスによって、若年者のエンプロイアビリティ、専門技能、キャリアが効果的に育成されている（二神、2016b）。

　ヨーロッパと比較すると、日本の教育制度の特徴は、学歴社会であるがゆえに大学進学率が高く、単線型である点である（Futagami et al., 2010）。日本的経営の特徴のひとつである終身雇用が前提としてあったため、日本の企業は、長期的に社内で従業員を育成してきた（二神、2014）。そして、日本では企業の長期的人材開発を前提として、新規学卒採用が一般的であったことから、学生も企業に採用されてから初めて、専門技能やキャリアに関心をもつことが多かった。

　しかし、グローバル化、情報化、技術革新、規制緩和などが進展する現在、

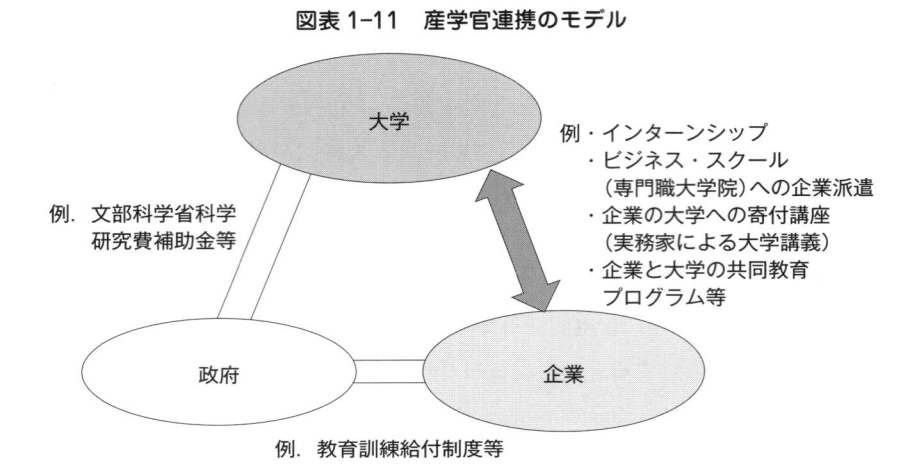

図表 1-11　産学官連携のモデル

出所：二神（2014）より一部修正のうえ、作成。

企業を取り巻く環境も激変しており、もはやひとつの企業内だけでその人材の専門技能やキャリアをマネジメントすることは不可能になりつつある。さきにふれた境界を超えたキャリアを念頭におかなければならない。

　こうしたなかで、専門技能やキャリアのマネジメントも従来のようにひとつの企業だけではなく、大学など教育機関や政府も連携して行うことが、不可欠になりつつある。図表 1-11 にあるように、企業、大学、政府の産学官連携によるキャリア・マネジメントが急務であるだろう。

●参考文献

Allan, Peter（2002）The contingent workforce: Challenges and new directions, *American Business Review*, Vol. 20, Issue 2, pp. 103–110.

Arnold, Rudolf（1994）*Berufsbildung: Annäherungen an eine Evolutionäre Berufspädagogik*, Schneidervelag Hohengehren.

Arthur, Michael B.（1994）The boundaryless career: A new perspective for organizational inquiry, *Journal of Organizational Behavior*, Vol. 15, pp. 295–306.

Csikszentmihalyi, Mihaly（2000）*Beyond Boredom and Anxiety: Experiencing Flow in Work and Play*, 25th anniversary edition, San Francisco, Jossey-Bass

（今村浩明訳『楽しみの社会学』新思索社、2001 年）

Dychtwald, Ken, Erickson, Tamara J., and Morison, Bob（2004）It's Time to Retire Retirement, *Harvard Business Review*, 82（3）, pp. 48–57.

Erickson, Tamara J.（2008）*Retire Retirement: Career Strategies for the Boomer Generation*, Harvard Business Press.

Gratton, Linda（2011）*Work Shift.*（池村千秋訳『ワーク・シフト』プレジデント社、2012 年）

Futagami, Shiho（2008）Vocational education and training and Human Resource Management Strategies: A Comparison of Swiss, German, British and Japanese Companies, Personalökonomie Netzwerktreffen in Paderborn.

Futagami, Shiho, Backes-Gellner, Uschi und Pull, Kerstin（2010）Stand und aktuelle Herausforderungen des japanischen Hochschulsystems, *Hochschulmanagement*, Heft 1, S. 21–24.

二神枝保（2002）『人材の流動化と個人と組織の新しい関わり方』多賀出版.

二神枝保（2006）「キャリア；キャリア・アンカー」二神恭一編著『新版 ビジネス・経営学辞典』中央経済社、p. 152.

二神枝保（2008）「境界を超えたキャリア」『コラボレーション組織の経営学』中央経済社、pp. 37–65.

二神枝保（2014）「雇用・人材開発システムの日欧比較：ディーセント・ワークの視点からの分析」『しごと能力研究』第 2 号、pp. 123–148.

二神枝保（2016a）「産学官連携によるグローバル人材開発：人と組織の未来②」『生産性新聞』10 月 15 日.

二神枝保（2016b）「産学官連携によるグローバル人材開発：日欧比較の視点からの分析」産学官連携トランスナショナル HRM 研究会、早稲田大学.

二神枝保・村本由紀子（2016）「従業員のしごと能力開発とキャリア・プランに関する研究：日本企業とスイス企業の比較分析」しごと能力研究学会第 9 回全国大会、慶應義塾大学.

Hall, Douglas T.（1994）*Career Development*, Dartmouth Publishing Company.

Hall, Douglas T.（1996a）Protean careers of the 21st century, *The Academy of Management Executive*, Vol. X, No. 4, pp. 8–16.

Hall, Douglas T., and Associates（1996b）*The Career Is Dead–Long Live the Career*, Jossey-Bass Publishers.

Heckman, James J.（2008）Schools, Skills and Synapses, National Bureau of Economic Research, Working Paper, No. 14064, pp. 1–94.

Holland, John L. (1973) *Making Vocational Choices: A Theory of Careers*, Prentice Hall.

Kanter, Rosabeth M. (1994) Collaborative advantage: The art of alliances, *Harvard Business Review*, July-August, pp. 96–108.

Maslow, Abraham H. (1970) *Motivation and Personality*, Second Edition, Harper & Row, Publishers, Inc. (小口忠彦訳『改訂新版人間性の心理学』産能大学出版部、1987 年)

McLean Parks, J., Kidder, Deborah L., and Gallagher, Daniel G. (1998) Fitting square pegs into round holes: Mapping the domain of contingent work arrangements onto the psychological contract, *Journal of Organizational Behavior*, 19, pp. 697–730.

宮城まり子 (1999)「ライフキャリアの開発とキャリアカウンセリング」『組織科学』Vol. 33, No. 2, pp. 14–22.

Pink, Daniel H. (2001) *The Free Agent Nation*, Warner Books, Inc. (池村千秋訳『フリーエージェント社会の到来』ダイヤモンド社、2002 年)

Pink, Daniel H. (2009) *Drive: The Surprising Truth about What Motivates Us*, Riverhead Books (大前研一訳『モチベーション 3.0：持続する「やる気！」をいかに引き出すか』講談社、2010 年)

Quinn, James B. (1999) Strategic outsourcing: Leveraging knowledge capabilities, *Sloan Management Review*, Summer, pp. 9–21.

Rousseau, Denise M. (1995) *Psychological contracts in organizations: Understanding written and unwritten agreements*, Sage publications.

Rousseau, Denise M. (1998) Psychological contract, presented at the workshop, Waseda University.

Schein, Edgar H. (1978) *Career Dynamics: Matching individuals and organizational needs*, Addison-Wesley Publishing Company. (二村敏子・三善勝代訳『キャリア・ダイナミクス』白桃書房、1991 年)

Schein, Edgar H. (1996) Career anchors revisited: Implications for career development in the 21st century, *The Academy of Management Executive*, Vol. X, No. 4, pp. 80–88.

Seligman, Martin E. P. (1999) The President's Address, *American Psychologist*, 54, pp. 559–562.

Simonsen, Peggy (2000) *Career Compass: Navigating Your Career Strategically in the New Century*, Davies-Black Publishing.

Super, Donald E.（1980）A life-span, life-space approach to career development, *Journal of Vocational Behavior*, 13, pp. 282–298.

Super, Donald E.（1990）A life-span, life-space approach to career development, In Brown, D., Brooks, L., and Associates, *Career Choice and Development: Applying Contemporary Theories to Practice*, Jossey-Bass.

Whyte, William H.（1956）*The organization man*, Simon and Schuster, Inc.（岡部慶三・藤永保訳『組織のなかの人間：オーガニゼーション・マン』東京創元社、1959 年）

（二神枝保）

第2章
キャリア・マネジメントの課題と展望

第1節 ディーセント・ワーク

1 ディーセント・ワークとは

これからのキャリア・マネジメントの課題と展望として、ディーセント・ワーク（decent work）について検討したい。

現在、ILO：International Labour Organization（国際労働機関）では「ディーセント・ワーク」の実現が、主な目標となっている。1999年のILO憲章のなかで「男性にとっても、女性にとっても、自由、平等、社会保障、人権の面で、ディーセントで生産的な仕事の機会を促進することがILOの目標である」と述べられている。

ILOは、1919年のベルサイユ条約によって国際連盟とともに誕生して以来、政労使（政府、労働組合、使用者側）の社会対話を推進することによって、国際的な労働・雇用問題を解決していく国連機関である。

ILOでは、ディーセント・ワークの視点から、男女賃金格差や障がい者雇用、若年者の失業、児童労働、貧困問題などについて調査研究がすすめられている。

ディーセント・ワークとは何か。ディーセント（decent）という言葉の初出は、16世紀半ばのテューダー朝メアリー1世、エリザベス1世の時代といわれている。その意味は、「一般に受け入れられている水準の尊敬すべき、または道義をわきまえた振る舞いをすること、あるいは、社会に受け入れられる道義の水準に従うこと」である。つまり、「きちんとした」、「相当な」

あるいは「（質量が）結構良い」の意味がある。したがって、ディーセント・ワーク（decent work）は、「一定水準の仕事」、「きちんとした仕事」であり、「誇りのもてる仕事」、「働きがいのある仕事」、「人間らしい仕事」と意訳することができるだろう。

　ディーセント・ワークではない例としては、貧困層の問題、いわゆるワーキング・プア、開発途上国の労働、雇用における男女格差、障がい者雇用、若年労働者の失業問題、児童労働、労働搾取などが挙げられるだろう。例えば、若年労働者の失業問題であるが、世界には約8500万人以上の若年失業者がいるとされており、日本でもニート（NEET：Not in Education, Employment or Training）が2015年に約56万人、フリーターが2016年に約155万人いるとされる。男女の格差も大きく、日本のジェンダーギャップ指数は0.660であり、世界の144カ国中111位と低い（World Economic Forum, 2016）。障がいをもつ人びとがディーセント・ワークをもつ権利もしばしば否定されている（ILO, 2015a; 二神、2016a; 2016b; 2016c）。これらについては、後ほど詳しく論じたい。

2　ディーセント・ワークの実現に向けて

　それでは、ディーセント・ワークの実現に向けてどのようなことが必要だろうか。

　ディーセント・ワークの構成要素には、雇用、仕事における権利、社会保障、そして、社会対話がある（Ghai, 2006; 二神、2014; 2015a; 2015b）。図表2-1のように、これら4つの構成要素は相互に関連・作用している。とくに、雇用はディーセント・ワークに不可欠な構成要素である。雇用は、賃金労働のみならず、自営業や在宅ワークなどあらゆるタイプの仕事に関連する。同様に、フルタイムのみならず、パートタイムや臨時工にも関連するし、男性労働のみならず、女性労働、若年者の労働にも関連する。

　あらゆる労働者には適切な雇用機会が与えられなければならない（Ghai, 2006; 二神、2014; 2015a; 2015b）。そして、仕事は労働者とその家族のニーズを満たすような報酬を生み出すべきである（Ghai, 2006; 二神、2014; 2015a; 2016b）。ま

図表 2-1　ディーセント・ワークの構成要素

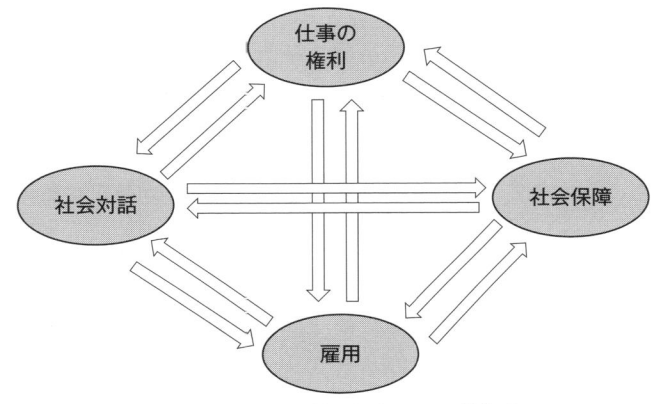

出所：Ghai（2006）より一部修正のうえ、二神作成。

た、労働者たちは、自分の利害を主張するための組合組織を形成し、そこに参加し、経営者と団体交渉する権利をもつべきである、さらに、労働者は健康を害するような危険な職場や過酷な長時間労働から守られて、仕事と生活の両立を推進すべきである。なお、仕事は自由に選択されるべきであり、女性、移民、少数民族などいかなるカテゴリーの労働者への差別があってはならない（Ghai, 2006; 二神、2014; 2015a; 2015b）。最低不可欠の社会保障もディーセント・ワークの条件である。

　つまり、ディーセント・ワークの実現には、①働く機会、②生計を立てるのに十分な収入、③労働三権、すなわち団結権、団体交渉権、団体行動権、④安全な職場環境、⑤ワーク・ライフ・バランス（work life balance）、⑥男女平等・公正な待遇、⑦雇用保険、⑧医療・年金制度などが必要であるだろう（二神、2014; 2015a; 2015b）。

　こうしたディーセント・ワークは、労働者の威厳、満足感、充足感の源泉となり、彼（彼女）らが生計を立てるために努力し、労働に参加するよう動機づけることになる。それは技能形成、技術進歩や経済成長に好都合な基礎となるし、民主的な労使関係、政治の安定、そして民主主義の強化にも貢献するという（Ghai, 2006; 二神、2014; 2015a; 2015b）。

　日本では、政府の働き方改革実現会議において、非正規の処遇改善や長時間労働の是正、転職・再就職支援などがテーマとなっている（二神、2016d）。働き方改革を推進する日本においても、ディーセント・ワークの視点から解決すべき課題が数多くあり、これからのキャリア・マネジメントを展望するにあたって、大切なキーワードとなっている。

　これからのキャリア・マネジメントにとって、個人が仕事に誇りをもてることが不可欠であり、企業も従業員に人間らしい、働きがいのある仕事を行うように工夫することが重要となっている。人びとが仕事に誇りをもって、ディーセント、すなわち人間らしく働けるような、キャリア・マネジメントのあり方が求められている。

　なお、本書でいう仕事（work）とは、いわゆる報酬が支払われる職務（job）のみならず、女性が従来家庭や地域で行ってきた活動（shadow work）や障がい者の福祉的就労なども含めている。そのうえで、誇りや働きがいのある仕事（decent work）、のちに述べる幸福（well-being）、ワーク・ライフ・バランス（work life balance）についても考察しており、それらが本書の提示する新しい視点でもある。

第２節　ダイバーシティ

1　ダイバーシティとは

　最近注目されるダイバーシティについて、検討しよう。

　ダイバーシティ（diversity）とは、人種、民族、国籍、性別、年齢、身体的能力、宗教、文化、価値観など人びとの多様性をさしている。アメリカでは、女性、アジアやヒスパニックのマイノリティ、高齢者が増大するなかで、労働力の多様性が劇的に進展しており、職場における多様性をどのようにマネジメントするかが、最大の焦点となっている（Dessler, 2001）。

　図表2-2は、ダイバーシティの車輪といわれるものである。ダイバーシティには、4つの次元がある。ひとつの次元は、パーソナリティであり、人生の早い段階で形成される。パーソナリティは、一生のキャリア選択を通して、

図表 2-2　ダイバーシティの車輪

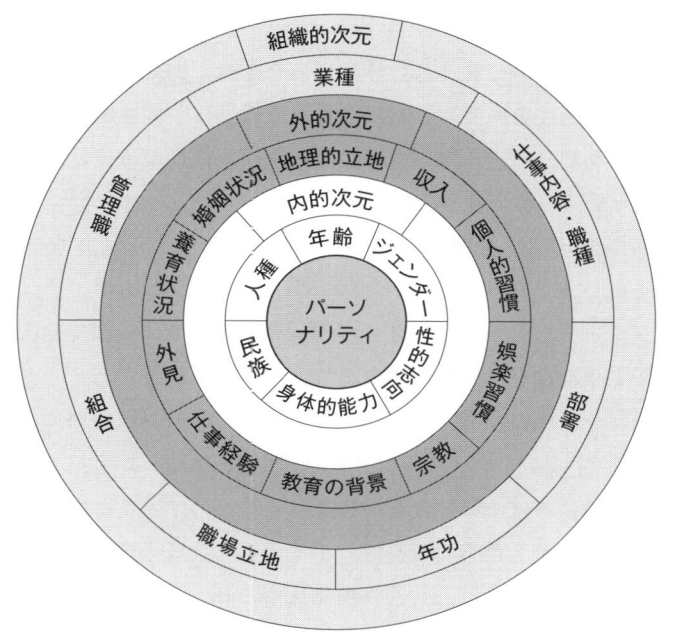

出所：Loden and Rosener（1991）より、二神作成。

　他の３つの次元に影響を与えることも、与えられることもある。内的次元は、コントロールできないものもあり、民族や人種のような見た目で判断するものを含んでいる。外的次元は、ある程度コントロールできるし、時間が経つにつれて変化するかもしれないもので、キャリアやワークスタイルについての意思決定の基盤となるものである。組織的次元は、仕事状況におけるカルチャーに関するものである。このダイバーシティの車輪モデルの有益な点は、個人と組織の両方の次元を含んでいる点である。ダイバーシティの内的次元は、すでに注目されており、ダイバーシティ・プログラムのなかでも成功しているが、外的次元、および組織的次元は、人びとの待遇や昇進・教育機会についてどのように取り扱うかのやり方を決定するうえで、示唆に富んでいる。

　なお、企業の具体的な事例について、のちの章で検討する。

2　ダイバーシティ・マネジメント

　ダイバーシティ・マネジメント（diversity management）とは、職場における多様性を意識し、多様性それ自体の価値を認識し、それらをマネジメントすることで、創造性を刺激し、幅広い視点を提供し、問題解決能力を高め、企業にフレキシビリティを導入するので、企業組織に競争優位をもたらすことができるという考え方をさしている。

　ダイバーシティは、組織にポジティヴな成果とネガティヴな成果を導く（Mathis and Jackson, 2004）。

　まずポジティヴな成果とは、ダイバーシティが組織に多様で幅広い人びとのアイディアや経験を活用する機会を与えるということである。ダイバーシティは、顧客や市場の多様性を反映するので、企業組織においてとくに価値がある。企業内部にダイバーシティを取り込むことによって、企業組織は様々な顧客市場における微妙な違いによりよく適応することができるだろう。

　ダイバーシティが、企業の収益性にポジティヴな成果をもたらすことも明らかになっている。例えば、女性管理職比率の高い企業のほうが、そうでない企業よりも有意に収益性が高いことが明らかになっている（二神、2015a; 2015b; Futagami and Helms, 2017）。つまり、ダイバーシティを導入する企業のほうが収益性は高くなることを示唆している。

　ネガティヴな成果とは、ダイバーシティが職場において最初は緊張や対立をもたらすかもしれないということである。多様な人びとがいる組織においては、従業員間のコミュニケーションの難しさや対立がかなり頻繁に生じるだろう。その他にも高い転職コストや高い欠勤コスト、訴訟などもネガティヴな成果として挙げられる。例えば、アメリカにおいてアフリカ系アメリカ人の転職率は白人のそれよりも40％高いし、女性の転職率は、男性のそれの2倍とされる（Mathis and Jackson, 2004）。マイノリティ・グループや女性たちの高い転職率の理由には、キャリアの成長機会が不足していることが挙げられる。また、マイノリティ・グループや女性たちの高い欠勤率の理由には、彼（彼女）らが組織によってあまり高く評価されていないと感じることや、ワーク・ライフ・バランスが実現できないことなどが挙げられる。

　図表 2-2 のように、ダイバーシティには様々な次元があるので、ダイバーシティの概念は広い視点から捉えるべきである。これらの次元はいずれも職場における人びとの対立などネガティヴな成果をもたらすかもしれないが、同時に人びとの様々なアイディアや見地などポジティヴな成果をももたらすかもしれない。こうした理由から、組織はキャリア・マネジメントのイシューとして、ダイバーシティ・マネジメントに取り組んでいるのである。

3　ダイバーシティ・マネジメントの挑戦

　ダイバーシティ・マネジメントのメリットを享受するために、組織は重大な挑戦に直面する。それらの挑戦とは、①従業員のダイバーシティを純粋に尊重すること、②個人のニーズと集団の公平を両立させること、③変革への抵抗に対処すること、④集団の団結力を促進させること、⑤オープンなコミュニケーションを確保すること、⑥従業員の不満・反発を避けること、⑦高い業績が評価される従業員を定着させること、⑧競争のための機会をマネジメントすることなどである（Cómez-Mejía, Balkin and Cardy, 2001）。

　とくに企業の競争優位を獲得するために、人的資源のダイバーシティを取り入れてきたアメリカの企業組織では、ダイバーシティ尊重に向けてのトップマネジメントの積極的関与やダイバーシティ教育訓練プログラム、ワーク・ライフ・バランス施策、すべての従業員のキャリア開発促進のためのメンタリングや徒弟制度、差別撤廃のためのコミュニケーション基準、ダイバーシティ政策実施に責任をもつ管理職の設置、ダイバーシティ監査などが実施されている傾向にある。

　グローバル化、少子・高齢化が進展する日本においても、これからのキャリア・マネジメントを展望するうえで、ダイバーシティは、企業の競争力にとって、重要なキーワードとなっている。

第3節 インクルージョン

1 ディスアビリティ・インクルージョンの考え方

　次に、時代の趨勢であるインクルージョンについて検討したい。

　インクルージョン（inclusion）とは、社会の一員であると感じること、ありのままの自分が尊重され、評価されていると感じること、自分が最善を尽くすことができるような他の人からの支持力や貢献度を感じることをいう（Miller and Katz, 2002）。インクルージョンは、ダイバーシティと類似している考え方であるが、ダイバーシティが多様性それ自体を強調しているのに対して、インクルージョンは、その多様性を認め、受容すると同時に、人びとが共生し、包摂される存在だという、より基本的な考え方に重きをおく点において、より先進性がある。G20首脳会議においても、包摂的成長（inclusive growth）は、今日グローバルに共鳴されている最優先課題である。力強く、持続可能で、バランスのとれた成長のためには、インクルーシブでなければならないのであり、包摂的成長の必要性を強調している。

　ILOは、とくに障がい者に焦点をあてており、2014年から2017年にかけてディスアビリティ・インクルージョン（disability inclusion）の戦略とアクション・プランを策定している（ILO, 2015a）。ILOのディスアビリティ・インクルージョンの6つの戦略目標には、差別撤廃、機会の平等、アクセシビリティ、多様性のひとつとして障がい者の尊重、ジェンダー平等、代表組織を通じての障がい者のインボルブメント（関与）が挙げられている。

　障がいのある人の就労・雇用の推進は、世界的趨勢である。世界保健機関（WHO：World Health Organization）によれば、世界人口の約15％、約10億人が障がいをもっていると推定されている。その約80％は、生産年齢人口であるといわれている（ILO, 2015a; 二神、2016a; 2016b; 2016c）。

　しかしながら、第1節で述べたように、障がいをもつ人びとがディーセント・ワークをもつ権利はしばしば否定されている（ILO, 2015a）。ディーセント・ワーク（decent work）とは、働きがいのある人間らしい仕事である（Ghai,

2002; 2003; 2005; 2006; Futagami, 2010; 二神、2014; 2016a; 2016b; 2016c)。

　したがって、ディスアビリティ・インクルージョンは、障がいをもつすべ
ての人びとが教育、訓練、雇用、社会のあらゆる側面に参加することを促進
し、確保し、そうした参加が十分できるために必要なサポートや便宜を提供
するという考え方であり、障がいのある人もない人も共生し、包摂されると
いう考え方である。

2　ディスアビリティ・マネジメントの動向

　ディスアビリティ・マネジメントは、ディスアビリティ・インクルージョ
ンと比べると、より企業経営や雇用の視点からのアプローチといえるだろう。

　ディスアビリティ・マネジメント（disability management）とは、職業生活
を送っているうちに障がいをもつようになった人びとが有給の仕事に復帰で
きるように支援したり、障がいをもっている求職者たちがディーセント・ワ
ークに就いて、それを維持できるように手助けすることである（Geisen and
Harder, 2011）とされる。

　ドイツの社会法典第 9 編「障がい者のリハビリテーションと参加」第 84
条第 2 項には、BEM（betriebliches Eingliederungsmanagement）の概念が規定さ
れている。ドイツ語の betrieblich には、「経営の」や「事業所の」などの意
味があり、Eingliederung には「インテグレーション」や「職場復帰」など
の意味があるので、BEM は事業所のインテグレーション・マネジメントと
もいわれる。6 週間を超えて職場を離脱した従業員の職場復帰支援について
の考え方をさしている。ドイツにおけるディスアビリティ・マネジメントの
考え方である。

　同法によると、従業員は、疾病、事故などにより、1 年間で 6 週間以上継
続して、あるいは繰り返して仕事ができないと、同法第 2 項が作動される
（二神恭一・二神常爾・二神枝保、2017）。そして、事態の解明、克服の仕方、予
防などが使用者と従業員代表、場合によっては重度障がい者代表との間にお
いて議論され、外部のリハビリテーション機関やインテグレーション機構も、
これに加わる。なお、ドイツでは、5 人以上の常用の重度障がい者がいる事

業所では、その代表と代理が選ばれる。

　なお、同法第84条は、予防（Prävention）という見出しになっている。予防には様々な意味があるが、この概念は障がいをもったり、慢性の疾病になったりすることを防ぐことにかかわっている（Cramer et al., 2011）。とくに事業所での予防が主なテーマであるが、職場を離れざるを得なかった従業員についての扱いも規定している。

　つまり、同法では、①使用者はインテグレーション・マネジメントを行う責任がある、②インテグレーション・マネジメントでは仕事からの離脱が年間6週間を超えると、これが発動される、③従業員代表がインテグレーション・マネジメントに関与する、④重度障がいのある者の場合は重度障がい者代表もこれに加わる、⑤本人あるいはその法定代理人には、当企業のインテグレーション・マネジメントに関する情報を前もって開示しておく、⑥インテグレーション・マネジメントは本人の同意がある場合に限り、発動される、⑦必要に応じ、産業医もコミットする、⑧必要ならば、リハビリテーション機関やインテグレーション機構も加わり、必要な支援を行うことなどが規定されている（二神恭一・二神常爾・二神枝保、2017）。

　また、欧州財団の報告書では、ディスアビリティ・マネジメントについて図表2-3のように、整理している。図表2-3によれば、ディスアビリティ・マネジメントは、仕事の維持・定着と職場復帰（インテグレーション）に大別されている。前者については、人的資源、機会均等、健康・安全、リスクマネジメント、労働衛生、健康増進、従業員支援、健康保険、配置転換、適応、仕事の調整があり、後者に関しては、早期の介助、仲介・斡旋、ケース・マネジメント、職場リハビリテーション、職場適応、中継ぎの仕事、RTW：Return to Work（リターン・ツー・ワーク）の調整、同僚の支援、配置転換がある。インセンティブには、差別禁止措置、クォータと課徴金が挙げられる。こうしたディスアビリティ・マネジメントがうまく機能するためには、十分な雇用環境が整っていなければならない。そのため、公正な雇用に向けての仲介・斡旋メカニズムとして、雇用支援、職業リハビリテーション、一般健康サービス、所得保障、ソーシャル・インクルージョンの措置など外部環境

図表 2-3 生活・労働状態改善のための欧州財団の報告書のディスアビリティ・マネジメント・モデル

疾病、負傷、障がいの結果、仕事から離れることを
食い止める一連のソーシャル・インクルージョンの措置

公正な雇用 ← → ディスアビリティ・マネジメント

仲介・斡旋メカニズム	職 場 復 帰	仕事の維持・定着
雇用支援	早期の介助	人的資源
職業リハビリテーション	仲介・斡旋	機会均等
一般健康サービス	ケース・マネジメント	健康・安全
所得保障	職場リハビリテーション	リスクマネジメント
ソーシャル・インクルージョンの措置	職場適応	労働衛生
	中継ぎの仕事	健康増進
インセンティブ	RTWの調整	従業員支援
	同僚の支援	健康保険
差別禁止措置	配置転換	配置転換
クォータと課徴金		適応
	インセンティブ	仕事の調整
	差別禁止措置	
	クォータと課徴金	

出所：Wynne and McAnaney（2004）より一部修正のうえ、二神作成。

が整備されている必要があるという。インセンティブには、差別禁止措置、クォータと課徴金がある。

　つまり、Geisen ら（2011）が述べるように、ディスアビリティ・マネジメントには、内的ディスアビリティ・マネジメントと外的ディスアビリティ・マネジメントがある。前者は企業が主導する職場のディスアビリティ・マネジメントであり、後者が地域の就労支援機関や職業リハビリテーション、医療機関などであり、両者が相互に機能することが望ましい。

　さらに、ILO の指針によれば、ディスアビリティ・マネジメントとは、障がいのある人びとの採用、昇進、定着、職場復帰を支援する手法であるとされる（ILO, 2015b）。

　以上のことから、ディスアビリティ・マネジメントは、図表 2-4 のように、

図表 2-4　ディスアビリティ・マネジメントの対象領域

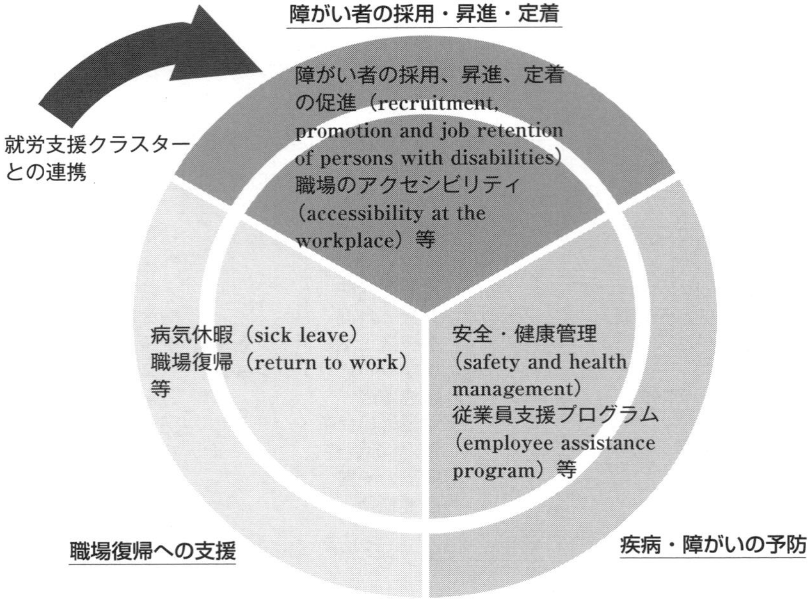

障がい者の採用・昇進・定着

障がい者の採用、昇進、定着
の促進（recruitment,
promotion and job retention
of persons with disabilities)
職場のアクセシビリティ
（accessibility at the
workplace）等

就労支援クラスター
との連携

病気休暇（sick leave）
職場復帰（return to work）
等

安全・健康管理
（safety and health
management)
従業員支援プログラム
（employee assistance
program）等

職場復帰への支援　　　　　　　　　　　**疾病・障がいの予防**

出所：ILOや欧州財団の定義を参考のうえ、二神作成（2016c）。

職場の安全・健康管理等疾病・障がいの予防、疾病・障がいから職場復帰へ
の支援、そして、障がいのある人の採用・昇進・定着の促進等を対象領域と
している（二神、2016c）。

　なお、2003 年には、オーストラリア、オーストリア、ベルギー、カナダ、
ドイツ、スイス、イギリスなどの産官その他団体の代表が、ディスアビリテ
ィ・マネジメントのグローバルな研究・教育・啓発の促進を目的として国際
ディスアビリティ・マネジメント標準協議会（International Disability
Management Standards Council：IDMSC）を設立した（ILO, 2015b）。

　さらに、2008 年には、「スイスにおける企業のディスアビリティ・マネジ
メント」の研究調査報告書もまとめられている（Geisen et al., 2008）。

　このように、ディスアビリティ・インクルージョンの考え方とディスアビ
リティ・マネジメントの動きが、国際的に進められている。したがって、イ

ンクルージョンの視点から、障がいのある人のキャリアをどのようにマネジメントしていくかは、これからの重要な課題となっている。

第4節　ワーク・ライフ・バランス

1　ライフ・キャリア・レインボー

次に、ワーク・ライフ・バランス（work life balance）について検討する。

第1章第2節のキャリアの概念でも説明したように、キャリアとは生涯を通じての人間の生き方・表現であるので、仕事生活と家庭生活の調和、すなわち、ワーク・ライフ・バランスは、今日では不可欠な視点になっている（二神、2014; 2015a; 2015b）。個人の価値観の多様化、女性の社会進出がすすむなかで、キャリア・マネジメントにおいて、ワーク・ライフ・バランスは重要性を増している。

第1章でもみたように、スーパー（Super, 1980）のライフ・キャリア・レインボーによれば、人は生涯において、子供、学生、職業人、配偶者、家庭人、親、余暇人、市民、年金生活者の9つの役割を果たす（図表1-2）。人生に様々な段階があるように、キャリアにも様々な段階がある。時間が経つにつれて個人の人生における需要が変化するように、仕事における需要も変化する。ライフ・キャリア・レインボーによって、人は人生の段階に合ったワーク・ライフ・バランスをみつけていく。

このように、個人が生涯を通じてキャリアをデザインするうえで、人生において仕事生活はもちろん、家庭生活や地域社会生活などへの参加も重要であり、ワーク・ライフ・バランスは大切な概念なのである（二神、2014; 2015a; 2015b）。

なお、第3章では、ワーク・ライフ・バランスを実現している国である、オランダやノルウェーの取り組みについても検討する。

2　万華鏡のキャリア

万華鏡のキャリア（kaleidoscope career）という言葉がある。Mainiero and

図表 2-5 万華鏡のキャリア

初期キャリア　　　　　中期キャリア　　　　　後期キャリア

確実性・信頼性　　　　バランス　　　　挑戦

（出所）Mainiero and Sullivan（2005）より一部修正のうえ、二神作成。

Sullivan（2005）は、高学歴の女性たちが企業で昇進しないことを自ら選択する現象、いわゆる自発的撤退（opt-out）革命について分析し、万華鏡のキャリアの視点からその理由を考察している。Mainiero and Sullivan（2005）によると、女性たちの主なキャリア・パターンにおいて、初期キャリアでは、目標の達成と挑戦が関心事である。そして、中期キャリアでは、女性たちは家族に関連する要求に対処しなければならず、バランスの問題が関心事となる。さらに、後期キャリアでは、女性たちはバランスの問題から解放され、確実性や信頼性の問題が関心事となる。このように、女性たちはライフ・スパンに沿って、キャリアの初期には、挑戦、中期には、バランス、後期には、確実性・信頼性というパラメーターにそれぞれ高い優先順位をおきながら、キャリアを形成していく。

　それを表したのが図表2-5である。これらからも明らかなように、初期キャリアでは挑戦、中期キャリアではバランス、後期キャリアでは確実性・信頼性が大きな役割を果たしている。つまり、万華鏡を回転させると、その内側で様々な色のガラスの破片や管が様々な模様を作り出すように、女性たちは、自分たちの人生の様々な局面においての自分たちの役割や他者との関係を選択・模索しながら、様々なキャリア・パターンという模様を作り出しているのである。女性たちの働き方は、地域における自分の役割、他者との関係、コラボレーションを選択・模索した結果に形成された、ひとつのキャリア・パターンとなっている（二神、2008）。

　Mainiero and Sullivan（2005）は、とくに女性がライフサイクルに沿って多様なキャリアを描くことを強調しているが、これからは女性のみならず、男性も仕事生活や家庭生活、そして地域社会生活などへ積極的に参加するなかで、万華鏡のキャリアを描くことが予想されるだろうし、企業もそうしたキャリア・マネジメントを想定しなければならない。

　なお、ワーク・ライフ・バランスに関する施策と企業の業績との関係をみてみると、法を上回る育児休業制度を導入している企業のほうが、未導入の企業よりも長期的にみて生産性が高いことが明らかにされている（Futagami and Helms, 2017）。つまり、ワーク・ライフ・バランスを実現している企業は、優秀な人材の確保・定着につながるため、長期的には生産性を上げることが期待できる。こうした点からも、ワーク・ライフ・バランスは、これからのキャリア・マネジメントを展望するうえで、重要なキーワードになっている。

第5節 ウェル・ビーイング

1 ウェル・ビーイングとは

　ウェル・ビーイング（well-being）には、幸福、福祉、健康で安心なこと、安寧、満足できる生活状態等といった意味がある。

　最近では、人びとはウェル・ビーイングを追求するために働くようになっている。すなわち、働きがいのある人間らしい仕事をしながら、健康で豊かな生活との両立を実現し、幸福な人生を送りたいと考えるようになっている。

　なお、ウェル・ビーイングは、ポジティヴ心理学（positive psychology）の中心的な考え方である。ポジティヴ心理学の概念は、もともと Seligman（1999）によって提唱された。ポジティヴ心理学の役割は、人びとが生産的で充実した生活とよい人生を送るのを助けることである（Seligman, 1999）。ウェル・ビーイングは、主観的ウェル・ビーイング（SWB：Subjective Well-Being）と心理的ウェル・ビーイング（PWB：Psychological Well-Being）に分類できる。主観的ウェル・ビーイングは、プラスとマイナスの感情のバランスと生活満足度の点から、人生を評価するものである。心理的ウェル・ビーイングは、

目標を追求することや人として成長すること、他者と結び付きをつくること
など、人生の困難を乗り越える際に意識するものである。

　第2章のキーワードでこれまで取り上げてきたように、現在では人びとが
ディーセントな仕事、すなわち、働きがいのある人間らしい仕事を行うこと
ができるような企業のキャリア・マネジメントのあり方が模索されている。
また、ダイバーシティが進展するなかで、性別、年齢、国籍、人種、民族、
身体的能力、宗教、文化、価値観などにかかわらず、採用や昇進、教育など
において均等な機会を従業員に与えるように、ポジティブ・アクションなど
ダイバーシティを推進する施策やハラスメント防止策などの配慮も企業には
求められている。そして、障がいのある人もない人も共生し、包摂されると
いうインクルージョンの考え方も企業や社会に浸透しつつあり、ディスアビ
リティ・マネジメントによって、人びとが健康について真摯に考えるように
なってきた。さらに、個人が仕事生活のみならず、家庭生活や地域社会の生
活にも積極的に参加できるような、企業のファミリー・フレンドリー施策に
よって、人びとがワーク・ライフ・バランスを実現することも重要である。
こうしたことによって、人びとはウェル・ビーイング、すなわち、幸福を体
感できるようになっている。

2　幸福/生産性バランスモデル

　ハッピネス（happiness）もウェル・ビーイング（well-being）と同様に、幸
福の概念として重要である。Staw（1986）は、幸福で生産的な従業員（Happy
/Productive/Worker）という表現をしている。その論点は、従業員が幸福であ
り、生産的であるように、組織をどのようにマネジメントするかということ
であり、従業員も経営者も双方がその成果に満足するということである。
Staw（1986）によれば、幸福で生産的な従業員を求めることは難しい試みで
あるが、価値のあることであるし、心理学的観点からすると、職務態度や職
務行動の知識を増やすことによって、達成することができるだろうと述べて
いる。Staw（1986）は、個人志向、集団志向、組織志向の3つのモティベー
ション・システムの長所、短所を挙げながら、そのいずれも組織のすべての

図表 2-6　WPB（Well-being/Productivity/Balance）モデル

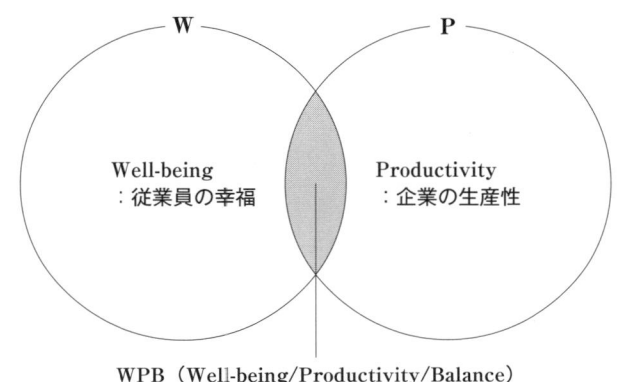

WPB（Well-being/Productivity/Balance）
：幸福/生産性バランス

問題を解決する万能薬にはなり得ず、3つのシステムの長所を最大限に生かすように、それらをフレキシブルに組み合わせることによって、従業員の幸福と生産性を引き出すような最強システムを構築することを提案している。

　また、Guest（2002）は、従業員の職務態度や職務行動が人的資源管理の業績に影響を与えると論じている。したがって、この考え方によると、従業員中心、ワーカー・フレンドリーなアプローチが行われる（Guest, 2002）。そして、特定の人的資源施策が、従業員の高い職務満足と生活満足を導くことを述べている。これらの人的資源施策は、具体的には職務設計や直接的な経営参加、情報開示などであり、とりわけ機会均等やファミリー・フレンドリー施策、ハラスメント防止策は、従業員の高い職務満足を導くことを主張している。

　さらに、Higgs and Dulewicz（2014）は、人的資源管理と企業業績の関連性を議論するなかで、従業員の職務態度や職務行動の理解に焦点をあてることによって、企業業績向上の推進要因について価値のある洞察を導くことができるだろうと指摘している。個人の職務行動と企業業績の関連性を検討すると、ウェル・ビーイングが重要な役割を果たす論拠がある。ちなみに、Higgs and Dulewicz（2014）は、ウェル・ビーイング以外にも、情緒的知性の重要性にも言及している。

　こうした考え方は、幸福/生産性バランス（WPB：Well-being/Productivity/Balance）モデルであり、わかりやすく描くと、図表2-6のような、従業員の幸福と企業の生産性が両立するモデルである。

　つまり、幸福/生産性バランス（WPB）モデルでは、ディーセントな仕事を行うことができるような職務設計、ワーク・ライフ・バランスを実現するようなファミリー・フレンドリーな施策、ダイバーシティを推進するための施策やハラスメント防止策、インクルージョンを前提としたディスアビリティ・マネジメントなどによって、従業員の満足度が高まり、幸福が実現し、同時に企業の長期的な生産性も向上するのである。従業員が幸福であり、企業の生産性が高まれば、個人にとっても企業にとってもプラスであるので、キャリア・マネジメントの未来を展望するうえで、ウェル・ビーイングの視点は、重要かつ不可欠である。

●参考文献

二神枝保（2008）「境界を超えたキャリア」日置弘一郎・二神恭一編著『コラボレーション組織の経営学』中央経済社、pp. 37-65.

二神枝保（2014）「雇用・人材開発システムの日欧比較：ディーセント・ワークの視点からの分析」『しごと能力研究』第2号、pp. 123-148.

二神枝保（2015a）「人的資源管理への招待」『横浜経営研究』第23号、pp. 3-13.

二神枝保（2015b）「人的資源マネジメント」山倉健嗣編著『ガイダンス経営学』中央経済社、pp. 81-105.

二神枝保（2016a）「障がい者雇用に関する一研究：就労支援クラスター『かながわモデル』の視点からの分析」『横浜経営研究』第37巻第1号、pp. 13-28.

二神枝保（2016b）「障がい者雇用の未来：人と組織の未来①」『生産性新聞』9月15日.

二神枝保（2016c）「障がい者雇用の未来」ACE フォーラム、11月30日.

二神枝保（2016d）「フレキシキュリティの視点：人と組織の未来③」『生産性新聞』11月25日.

二神恭一・二神常爾・二神枝保（2017）『障害者雇用とディスアビリティ・マネジメント』中央経済社.

Cramer, Horst, Fuchs, Harry, Hirsch, Stephan, und Ritz, Hans-Günther（2011）*SGB IX–Kommentar zum Recht schwerbehinderter Menschen*, Verlag Franz

Vahlen, München.

Dessler, Gary (2001) *A Framework for Human Resource Management*, Prentice Hall.

Futagami, Shiho (2010) Non-Standard Employment in Japan: Gender Dimensions, International Institute for Labour Studies, International Labour Organization, 200, pp. 1-20.

Futagami, Shiho and Helms, Marilyn M. (2017) Employment and Challenges in Japan: Age and Gender Dimensions, *Japan Studies Review*, Vol. XXI, pp. 51-67.

Geisen, Thomas, Lichtenauer, Annette, Roulin, Christophe, Schielke, Georg, und Institut Integration und Partizipation der Hochschule für Soziale Arbeit FHNW (2008), *Disability Management in Unternehmen in der Schweiz*, Bundesamt für Sozialversicherungen, Bern.

Geisen, Thomas and Harder, Henry (2011) *Disability Management and Workplace Integration: International Research Findings*, Great Britain: Gower Publishing Unlimited.

Ghai, Dharam (2002) Decent work: Concepts, models and indicators, Discussion Paper No. 139, International Institute for Labour Studies (IILS), International Labour Office (ILO).

Ghai, Dharam (2003) Decent work: Concept and indicators, *International Labour Review*, Vol. 142, No. 2, pp. 113-145.

Ghai, Dharam (2005) Decent work: Universality and diversity, Discussion Paper No. 159, International Institute for Labour Studies (IILS), International Labour Office (ILO).

Ghai, Dharam (2006) *Decent work: Objectives and strategies*, International Labour Office (ILO).

Gómez-Mejía, Luis R., Balkin, David B., and Cardy, Robert L. (2001) *Managing Human Resources*, Prentice Hall.

Guest, David (2002) Human Resource Management, Corporate Performance and Employee Wellbeing: Building the Worker into HRM, *The Journal of Industrial Relations*, Vol. 44, No. 3, pp. 335-358.

Higgs, Malcolm and Dulewicz, Victor (2014) Antecedents of well-being: A study to examine the extent to which personality and emotional intelligence contribute to well-being, *The International Journal of Human Resource*

Management, Vol. 25, Issue 5, pp. 1–18.

ILO (2015a) *Disability Inclusion Strategy and Action Plan 2014–2017*, International Labour Office (ILO), Geneva.

ILO (2015b) *Decent work for persons with disabilities: promoting rights in the global development agenda*, International Labour Office (ILO), Geneva.

Loden, Marilyn and Rosener, Judy B. (1991) *Workforce America! Managing Employee Diversity as a Vital Resource*, Irwin Publishing.

Mainiero, Lisa A., and Sullivan, Sherry E. (2005) Kaleidoscope careers: An alternate explanation for the "opt-out" revolution, *Academy of Management Executive*, Vol. 19, No. 1, pp. 106–123.

Mathis, Robert L., and Jackson, John H. (2004) *Human Resource Management*, Thompson South-Western.

Miller, Fredrick A., and Katz, Judith H. (2002) *The Inclusion Breakthrough: Unleasing the Real Power of Diversity*, Berrett-Koehler Publishers, Inc.

Schein, Edgar H. (1978) *Career Dynamics: Matching individuals and organizational needs*, Addison-Wesley Publishing Company. (二村敏子・三善勝代訳『キャリア・ダイナミクス』白桃書房、1991 年)

Seligman, Martin E. P. (1999) The President's Address, *American Psychologist*, 54, pp. 559–562.

Staw, Barry M. (1986) Oraganizational Psychology and the Pursuit of the Happy/Productive Worker, *California Management Review*, Vol. XXVIII, No. 4, Summer, pp. 40–53.

Super, Donald E. (1980) A life-span, life-space approach to career development, *Journal of Vocational Behavior*, 13, pp. 282–298.

WHO, World Bank (2011) *World Report on Disability*, WHO.

World Economic Forum (2016) *The Global Gender Gap Report 2016*.

Wynne, Richard, and McAnaney, Donal (2004) *Employment and Disability: Back to Work Strategies*, European Foundation for Improvement of Living and Work Condition.

（二神枝保）

第3章

女性のキャリア・マネジメント

国際比較の視点から

第1節 日本における女性のキャリア

1 日本的経営と女性管理職

　本章では、女性のキャリア・マネジメントについて、国際比較の視点から検討する。ここでは、日本的経営と女性管理職について考察する。

　日本的経営は、終身雇用、年功序列、企業内組合の伝統的な雇用慣行によって特徴づけられる。とくに終身雇用は、Abegglen（1958）が述べるように、従業員が学校を卒業して直ちに入社し、社内の教育訓練を受け、定年までその企業に継続して雇用されることをいう。ただし、実際には、中途採用や中途退社も少なからず見受けられたので、終身雇用はやや誇張された表現といえるが、他の諸国に比べて勤続年数や定着率が長いので、長期雇用が行われているといえるだろう。

　終身雇用は、しかしながら、日本の大企業においてのみ当てはまるものとされる。また、とくに終身雇用は男性の正規従業員に対してのみ当てはまるものであり、しかも、その雇用保障は非正規従業員の雇用の調整弁によって守られてきたとされる。非正規従業員の大半は、女性たちであった。つまり、日本の大企業の、とくに大卒の男性だけが終身雇用を享受できたということになる。

　多くの日本企業が女性たちを積極的に活用し始めたのは、1986年の男女雇用機会均等法が施行された後の1980年代後半であるといわれている。以降、勤続年数は徐々に長期化し、女性総合職が誕生し、女性管理職も増大しつつ

図表 3-1　役職別管理職に占める女性割合の推移

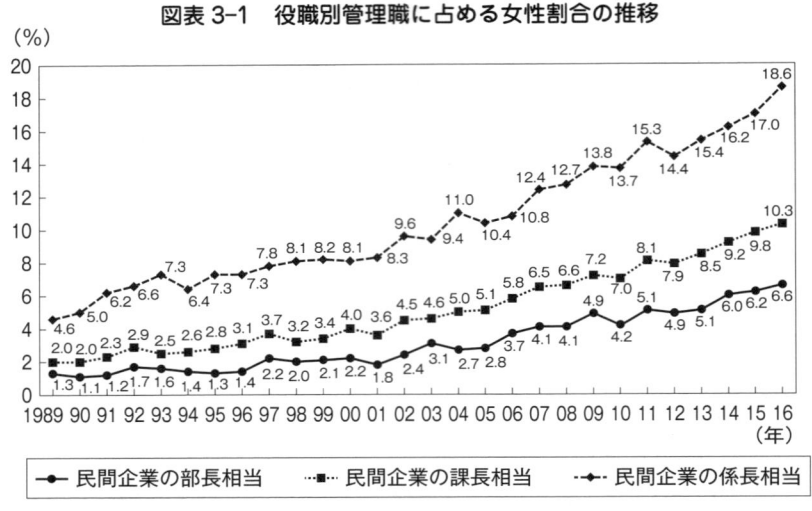

出所：厚生労働省「賃金構造基本統計調査」より、二神作成。

あるが、その比率はなおも低い。

　厚生労働省「賃金構造基本統計調査」において、民間企業における女性管理職割合の推移（図表3-1）をみると、係長相当職では、1989年の4.6％から2016年の18.6％まで増加している。しかし、部長相当職では、1989年の1.3％から2016年の6.6％と緩やかに増加しているものの、女性の占める割合が依然として低い状況にあることがわかる。

　国際比較してみると、このことは一層明らかである。世界経済フォーラムの2016年グローバル・ジェンダー・ギャップ・レポート（*The Global Gender Gap Report 2016*）によれば、男女格差を測るジェンダー・ギャップ指数（Gender Gap Index：GGI）に関して、日本は0.660で、144カ国中111位であった。ジェンダー・ギャップ指数は、0が完全不平等、1が完全平等を意味している。ジェンダー・ギャップ指数は、経済分野では0.569で118位であり、政治分野では、0.103で103位であった。教育、健康、経済、政治の分野のなかで、とくに経済と政治において、日本の女性の地位が低いことが明らかである。経済分野の地位には、女性管理職比率などが反映される。例えば、

日本の女性管理職比率は 11 ％であり、アメリカの 43 ％やノルウェーの 36 ％と比較すると、低いことがわかる。

「ガラスの天井（glass ceiling）」という言葉は、アメリカの女性の昇進の障壁を表現している。アメリカの女性管理職比率は、43 ％となっているが、女性役員は 19 ％と依然少ない（Catalyst, 2015）。つまり、トップの地位がすぐそこにみえているけれども、なかなかその地位まで出世できないし、女性たちにはガラスの天井のように昇進の壁が立ちはだかっているといえるだろう。次節で述べるように、ノルウェーでクォータ制度が導入されたのを契機として、ヨーロッパ各国ではクォータ制度の導入が進んでいる。日本でもクォータ制度の導入は検討されつつあるが、女性役員比率は 3.1 ％と低く（Catalyst, 2015）、女性たちはトップの地位をみることも、出世することも難しいので、いわば「障子の天井（rice paper ceiling）」といえるだろう。

2　M 字型カーブとワーク・ライフ・バランス

日本の女性の年齢階級別労働力率は、M 字型カーブを描いている（Futagami and Helms, 2009; 2017a; 2017b; Futagami, 2010）。つまり、子育ての時期に仕事を辞める女性が多いことから、M 字型カーブのように、ある一定期間は労働力率が落ち込むのである。総務省「労働力調査」によれば、30 年前と比較すると、その M 字型カーブの底は以前に比べて浅くなっているし、その底も 20 歳代後半から 30 歳代へと変化している。しかし、スウェーデンの逆 U 字型やドイツの台形型と比べると、図表 3-2 のように、日本の労働力率は依然として M 字型であることに特徴がある。

これは、言い換えると、日本の女性たちが子育ての時期に仕事を中断せざる得ない状況にあることを示している。日本では、ワーク・ライフ・バランスの実現に向けての施策や制度が不足しているからともいえるだろう（Futagami and Helms, 2009; 2017a; 2017b; Futagami, 2010）。

1995 年より育児・介護休業法が施行され、その後 2005 年には、改正育児・介護休業法も施行されており、育児休業、介護休業の規定、育児や家族介護を行う労働者等に対する勤務時間の短縮や支援措置等を内容としている。

図表 3-2　主要国における女性の年齢階級別労働力率

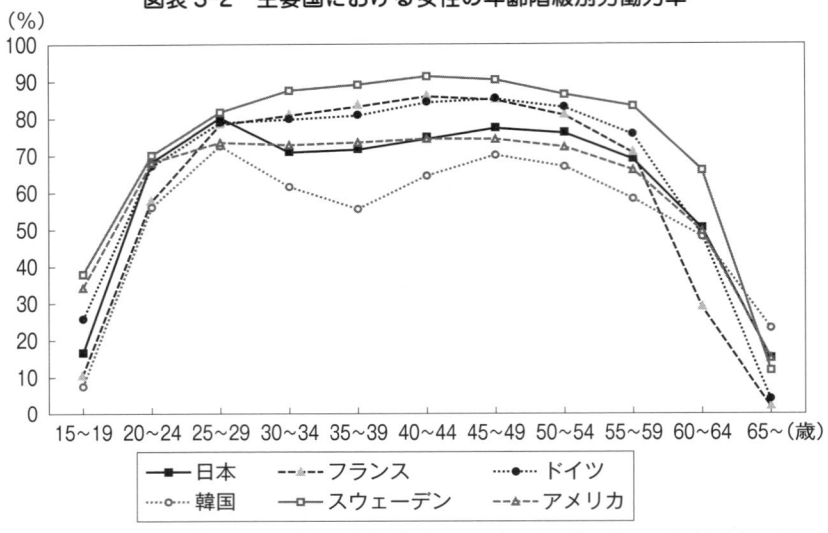

注1：日本は総務省「労働力調査（基本集計）」（2015）。その他の国はILO 'ILOSTAT'
　　　より作成。
　2：労働力率は「労働力人口（従業者＋完全失業者）」／「15歳以上人口」×100。
　3：日本、フランス、韓国およびアメリカは2015（平成27）年版、その他の国は
　　　2014（平成26）年版。
　4：アメリカの15～19歳の値は、16～19歳の値。

　2017年10月1日より改正育児・介護休業法が施行される。今回の改正のポ
イントは、育児休業期間の最長2年までの延長、出産予定者等への育児休業
等の制度の周知、育児目的休暇の導入促進等である。なお、2016年度「雇
用均等基本調査」によれば、女性の育児休業取得率は81.8％であるのに対
して、男性のそれは3.16％にすぎない。また、女性の介護休業取得率は
0.11％であるのに対して、男性のそれは0.03％にすぎない。

　日本社会に根付いている女性に対する伝統的な考え方が、M字型カーブ
に影響しているともいわれている。日本女性の伝統的な生き方の模範として、
「良妻賢母」という言葉・考え方がある。とくに明治初期以来の政府の富国
強兵策は、良妻賢母によって支えられてきたともいえるだろう。女性たちは
家庭のなかで良い妻であり、賢い母であり続けることが求められた時代でも
あった。「男性は仕事、女性は家庭」という性別役割分業意識は、こうして

人びとの間に根付いていた（Futagami and Helms, 2009; 2017a; 2017b; Futagami, 2010）。

　当然こうした考え方は、少なからず戦後の女性たちの働き方、生き方に影響を与えることにもなった。性別役割分業がクローズアップされるようになったひとつの契機は、1979年の「女性に対するあらゆる形態の差別の撤廃に関する条約（通称女子差別撤廃条約）」の採択であった。条約では、あらゆる形態の差別の原因となっている性別役割分業の変更が、男女の完全な平等の達成に必要であると主張している。社会通念となっている性別役割分業意識が、男女賃金格差や昇進格差など職業における男女格差の根拠のみならず、女性の職業継続の困難をも導いているとされる（二神、2004; Futagami, 2010; Futagami and Helms, 2009; 2017a; 2017b）。

　最近では、人びとの考え方も変化し、社会全体としても女性の就業を肯定的に捉える傾向が強まっている。したがって、男女が人間らしく、生き生きと働き続け、キャリアを形成するためにも、ワーク・ライフ・バランスが重要な課題となっている。

3　女性非正規従業員のキャリアとディーセント・ワーク

　2017年の総務省の「労働力調査」によると、正規従業員の割合は1986年の83.4％から2017年の62.7％にまで減少している一方、非正規従業員の割合は1986年の16.6％から2017年の37.3％にまで増加している。非正規従業員のなかには、パートタイム労働者、派遣労働者、契約社員、嘱託などが含まれる（二神、2002; 2003; Futagami, 2006; 2010; Futagami and Helms, 2017b）。そして、非正規従業員の68.3％は女性である。とくに就業形態別に男女比をみると、パートタイム労働者の88.5％は女性である。このように、日本の非正規従業員の多くが女性であることがわかる（二神、2001; Futagami and Helms, 2009; 2017a; 2017b）。

　また、2014年「就業形態の多様化に関する総合実態調査」によれば、正規従業員と非正規従業員の職場の満足度を比較すると、とくに「雇用の安定性」、「福利厚生」、「教育訓練・能力開発」、「賃金」の面で、非正規従業員の

図表 3-3　正規従業員と非正規従業員の賃金格差（月額）

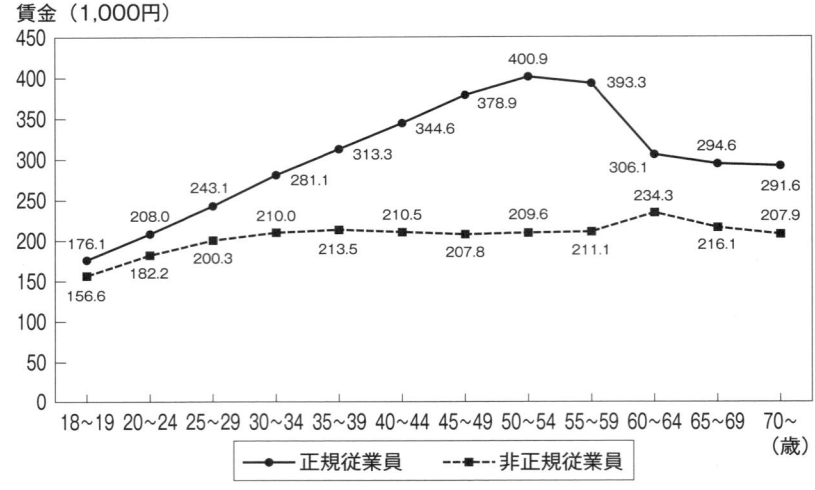

賃金（1,000円）

出所：2016年「賃金構造基本統計調査」より、二神作成。

方が正規従業員よりも満足度が低いことがわかる。

　そして、2016 年「賃金構造基本統計調査」によれば、雇用形態間賃金格差（正規従業員＝100）は 65.8 となっている。正規従業員と非正規従業員の賃金格差は 20 歳代にはさほど格差がないものの 45 歳以上になるとその格差は 2 倍近くに拡大していることがわかる（図表3-3）。

　さらに、2016 年度「能力開発基本調査」によれば、職業教育・訓練に関して、正規従業員と非正規従業員に格差がみられている。正規従業員に対して企業の 74 ％が OffJT、59.6 ％が計画的 OJT、80.9 ％が自己啓発支援を実施している一方で、非正規従業員に対しては企業の 37 ％が OffJT、30.3 ％が計画的 OJT、58.8 ％が自己啓発支援を実施しているにすぎない（図表3-4）。

　このようにみると、賃金、職業教育・訓練、福利厚生、職務保障などの面で、正規従業員と非正規従業員の格差が著しいことがわかる。最近では、非正規従業員の比率が増大しつつあり、しかも、その大半が女性であることを考慮するならば、女性たちがディーセント・ワークを行うことができるように、賃金、職業教育・訓練、福利厚生、職務保障などの面で、正規従業員と

図表 3-4　正規従業員と非正規従業員の職業教育・訓練の比較

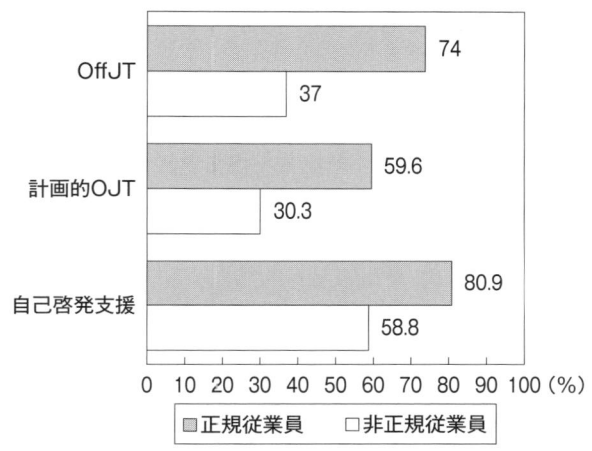

出所：2016年度「能力開発基本調査」より、二神作成。

非正規従業員の格差を是正することが今後の課題である（二神、2014; Futagami and Helms, 2017b）。

　女性のキャリア・マネジメントを展望するうえで、ディーセント・ワークの視点から、非正規従業員と正規従業員の均等待遇を配慮することが重要である。その意味で、次節で述べるオランダのフレキシキュリティ・モデルは示唆に富んでいる。

第2節　世界で活躍する女性たち

1　オランダにおけるワーク・ライフ・バランス：フレキシキュリティの視点

　オランダは、パートタイム労働者の活用によって、驚異的な経済回復に成功した国として有名である。また、男女がワーク・ライフ・バランスを実現している国のひとつともいわれている。

　オランダの雇用政策は、パートタイム労働の雇用創出を最大の特徴としており、「オランダ・モデル」と呼ばれている（二神、2002; 2014; 2016）。

　ここでは、オランダの雇用政策に注目し、どのようにワーク・ライフ・バランスが実現できているのかについて、フレキシキュリティの視点から分析する。

　Freeman（1998）は、オランダについて失業への堤防をふさぐ指をもつ、世界で唯一のパートタイム経済であると表現している。低地の国であるオランダでは、かつて人びとが協力して堤防を築いて、ポルダー（干拓地）を作ってきた歴史があるが、この表現は洪水を防ぐために堤防の穴を指でふさいだ少年の逸話に由来する。

　オランダでは、1982年のワッセナーの合意（Wassenaar agreement）を契機に、パートタイムとフルタイムの均等待遇が実現し、驚異的な経済回復に成功した。危機的な経済状況に直面したオランダでは、政府、労働者側、使用者側が、賃金引き上げの抑制、公務員の賃金引き上げの凍結、労働時間の短縮、税・社会保険料の軽減等に合意した。そして、時間当たり賃金、法定最低賃金、休日・休暇等の労働条件面や失業給付、障害給付、健康保険給付、企業年金、公的年金等の社会保障面でフルタイム労働者とパートタイム労働者を対等に扱った。これによって、1984年には12％近くあった失業率が、1999年には3.2％にまで著しく低下した。

　1999年には、労働市場の柔軟性を高め、低い失業率を維持するため、柔軟性と保障法が施行された。これによって、労働市場の柔軟性と保障の両立、すなわち、フレキシキュリティをめざした。

　フレキシキュリティ（flexicurity）とは、フレキシビリティ（flexibility）とセキュリティ（security）の2つの用語を結び付けた造語である。つまり、柔軟性と保障を両立し、それを実現していくという、現在ではヨーロッパで主流となっている考え方である（二神、2014; 2016）。

　フレキシキュリティの概念は、先進国が直面するグローバリゼーションという挑戦のなかで、柔軟性と保障の2つの次元が矛盾せず、相補的であるという考え方に主として基づいている。フレキシキュリティは、一方で労働市場、作業組織、労使関係における柔軟性を、他方でとくに労働市場内外の弱者グループの雇用保障と所得保障を、同時にかつ慎重に高めようと試みる政

策戦略である（二神、2014; 2016）。

　このように、フレキシキュリティはもともとオランダで作り出された概念である。フレキシキュリティが認められ、パートタイム労働であっても、社会保障や失業保険などが適用され、仕事の質を落とすことなく、ディーセント・ワーク、すなわち、人間らしい仕事を行うことが可能となった。そして、その結果、ワーク・ライフ・バランスを実現できるようになった。オランダでは、女性就業率が 1990 年の 53.1 ％から 2016 年の 74 ％に上昇したが、とりわけワーク・ライフ・バランスの実現が、こうした女性就業率の上昇に貢献したと考えられる。

　最近では、若年層を中心に人びとの価値観が多様化している。若年層の男性のなかには、パートタイム労働を自発的に選択するケースも増えつつあるという。オランダ・モデルは、パートタイム労働の活用によって雇用創出に成功したことで有名なモデルであるが、男女がワーク・ライフ・バランスを可能にし、人間らしい働き方を実現する理想的なモデルでもある。

　日本では、政府の働き方改革実現会議において、非正規の処遇改善や長時間労働の是正、転職・再就職支援などがテーマとなっている。働き方改革を推進する日本においても、男女がワーク・ライフ・バランスやディーセント・ワーク（働きがいのある人間らしい仕事）を実現するうえで、柔軟性と保障は相補的であるという、フレキシキュリティの視点は示唆に富んでいる。

2　ノルウェーにおける女性活躍推進

　2016 年グローバル・ジェンダー・ギャップ・レポートによれば、ノルウェーのジェンダー・ギャップ指数（Gender Gap Index: GGI）は、0.842 で、144 カ国中 3 位であり、教育、健康、経済、政治といった幅広い分野において、男女平等が達成されている。女性就業率は 76 ％、女性管理職比率は 36 ％となっている。とくに、女性役員比率は、35.5 ％であり、世界第 1 位である（Catalyst, 2015）。

　女性の社会進出が進展した背景には、伝統的に女性解放運動が活発だったことと、労働力不足を補うために女性労働力が不可欠であったことが挙げら

れる。1990 年代後半以降、生産性向上のためには男女共同参画が不可欠という社会的コンセンサスが形成され、女性の社会進出への支援のみならず、男性の家庭における役割も注目されるようになったという。

　ノルウェーの男女平等の基盤として制定されたのが、1978 年の男女平等法である。同法は、社会における、あらゆる性差別を禁止している。関係当局、雇用者は、各自の責任の範囲内で、男女平等を推進する義務を負うと定められている。また、同法の実施機関として、政治的・専門的独立機関である平等・差別オンブズマンが設置され、男女平等の促進、苦情対応にあたっている（Knappskog, 2017）。

　とくに、企業における女性活躍推進のため、ノルウェーでは、2004 年に会社法が改正された。これにより、公営企業および民間企業のうち、株式上場企業に対し、取締役会における性別クォータ制度が適用されている。企業の規模により異なるが、取締役が 10 人以上であれば、いずれの性別も 40 ％を下回ってはならない、つまり上場企業であれば 4 割以上を女性役員にする必要があることを意味している。例えば、民間セクターでは、NHO（ノルウェー経営者連盟）が、女性が将来の取締役メンバーに育成するプログラムを立ち上げるなどの女性登用促進の試みも実施している。

　こうしたノルウェーのクォータ制度の導入にあたって、男性への逆差別が生じるなど反対論もあったようだが、現在では概ね定着しているという。ただ、いくつかの課題も残されている。男女で就く業種に違いがあること、経営部門への女性参加率が低いこと、女性はパートタイム労働が多いこと、公的セクターと民間セクターで男女比に違いがあることなどが挙げられる。

　ノルウェーのクォータ制度導入を契機として、アイスランド、スペイン、フランス、オランダ、ベルギー、イタリアなどでもクォータ制度が導入されるようになった。

　Catalyst（2015）によれば、女性役員が多い企業ほど、業績がよいとされる。取締役会に女性が多いほど、より幅広い洞察、見方、経験がもたらされ、意思決定が改善されるので、企業の業績によい効果をもたらすという。

　なお、ノルウェーのベスト・プラクティスのひとつの企業として、イノベー

ション・ノルウェー（Innovation Norway）が挙げられる。イノベーション・ノルウェーは、農場経営者に融資を行う、国営の不動産銀行として、1852年に創業された。以来、主に企業向けの融資、国債など金融サービスを提供し、4つの政府系組織の合併を経て、2004年にイノベーション・ノルウェーとなった。現在、イノベーション・ノルウェーのCEOは、アニータ・クローン・トラアビスという女性である。CEOを含む業務執行役員11名のうち、女性が7名である。また、取締役11名のうち、女性が6名である。アニータ・クローン・トラアビスの前職は、ヒューレット・パッカード・ノルウェーのCEOだった。彼女は、2012年にICT業界で活躍する女性に贈られるOda賞を受賞し、北欧で活躍する女性トップ20にも選ばれている。このように、彼女は女性ビジネスリーダーとして有名であり、ノルウェーで活躍する女性のロールモデルにもなっている。

　日本でも女性活躍推進に向けてクォータ制度について議論されつつあり、ノルウェーの女性活躍推進の動向は、示唆に富んでいる。

3　アメリカと日本における女性起業家：文化と意識の違いを中心として

　女性の高学歴化や就業意識の高まりを背景に、最近では、女性起業家（female entrepreneur）の活躍が注目されている。

　2016年のグローバル・アントレプレナーシップ・モニター調査（GEM：Global Entrepreneurship Monitor）のデータを用いて、アメリカと日本の起業家活動を比較・分析してみると、アメリカの初期起業活動の割合は、2016年に12.63％であり、日本の2014年の3.83％と比べると、はるかに高いことがわかる（図表3-5）。男性と比べた女性比率も、2016年にアメリカでは0.71であるのに対して、日本では2014年に0.25であり、2007年を除いてアメリカが日本を上回っている（図表3-5）。

　起業家の意識についても、GEMのデータを用いて、アメリカと日本の比較・分析してみると（図表3-6）、日本がアメリカをとくに上回っているのは、失敗への恐れであった。日本の起業家は、アメリカよりも失敗への恐れを強くもっており、認知された機会も低いため、起業家意図も低くなっている。

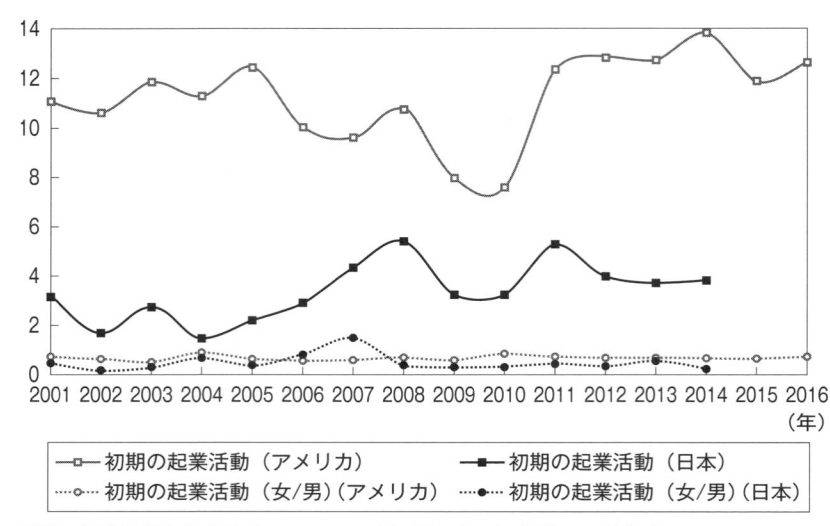

図表 3-5　初期の起業活動（TEA）：アメリカと日本の比較

凡例：
─□─ 初期の起業活動（アメリカ）　　　─■─ 初期の起業活動（日本）
┄○┄ 初期の起業活動（女/男）（アメリカ）　　┄●┄ 初期の起業活動（女/男）（日本）

出所：GEM（Global Entrepreneurship Monitor）より、二神作成。

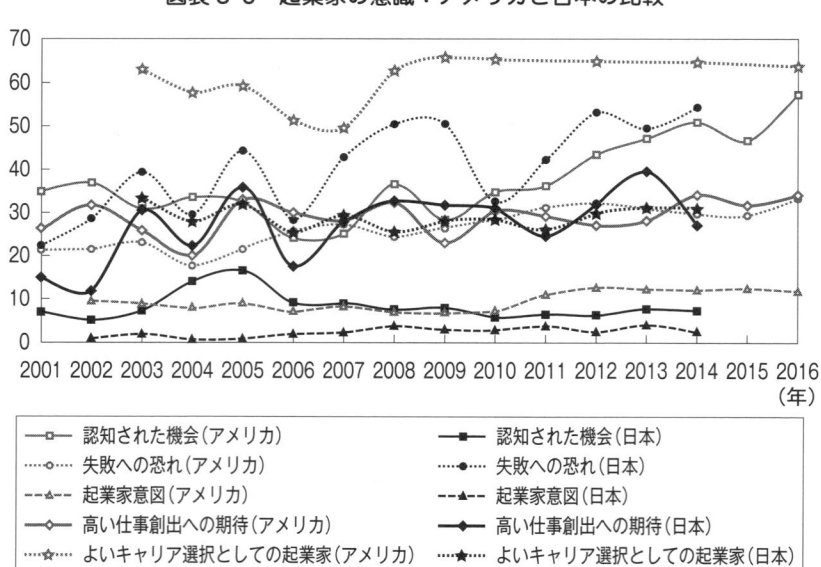

図表 3-6　起業家の意識：アメリカと日本の比較

凡例：
─□─ 認知された機会（アメリカ）　　　　　　　─■─ 認知された機会（日本）
┄○┄ 失敗への恐れ（アメリカ）　　　　　　　　┄●┄ 失敗への恐れ（日本）
┄△┄ 起業家意図（アメリカ）　　　　　　　　　┄▲┄ 起業家意図（日本）
─◇─ 高い仕事創出への期待（アメリカ）　　　　─◆─ 高い仕事創出への期待（日本）
┄☆┄ よいキャリア選択としての起業家（アメリカ）　┄★┄ よいキャリア選択としての起業家（日本）

出所：GEM（Global Entrepreneurship Monitor）より、二神作成。

　ただし、日本でも起業による高い仕事創出への期待は、アメリカと並んで高く、起業家をよいキャリア選択のひとつとして展望しているので、日本における起業への潜在力は高いと推察できる。

　このように、アメリカと比べると、日本は失敗を恐れる国民性もあり、長期的で安定的な働き方への志向もあるので、起業が生まれにくい傾向があるが、他方起業によって、新しい仕事を創出することへの期待も高く、起業をよいキャリア選択のひとつとして展望する傾向もあるので、これから起業が潜在的に成長するとみることもできる。

　なお、国民性の違いについては、Hofstede（1980; 2001; 2010）の調査でも、明らかになっている。Hofstede（1980; 2001; 2010）は、国民文化の 6 つの次元を明らかにしている。すなわち、①権力格差（power distance）、②個人主義—集団主義（individualism versus collectivism）、③男性らしさ—女性らしさ（masculinity versus femininity）、④不確実性の回避（uncertainty avoidance）、⑤長期志向—短期志向（long-term versus short-term normative orientation）、⑥放縦—抑制（indulgence versus restraint）である。

　アメリカと日本を比較すると（図表 3-7）、アメリカは個人主義であるのに対して、日本は集団主義であることがわかる。とくに、起業には前に踏み出す力、新しいアイディアを信じる力などが必要である。起業するうえでは、アメリカの国民性のほうが、日本のそれよりも有利であることがわかる。これに対して、日本では男性らしさ、不確実性の回避、長期志向が高いことがわかる。男性らしい日本の文化や社会が、女性の起業を妨害していること、不確実性やリスクを回避し、長期的安定を望むという日本人の国民性が、起業を生み出しにくい文化的背景になっていることも推察できる。

　とくに日本の女性起業家が少ない理由のひとつは、前の節にも述べたような日本社会に深く根付く性別役割分業意識や伝統的価値観であると思われる。しかし、高い学歴や意識をもっているにもかかわらず、伝統的な日本の大企業で能力を発揮できなかったり、ワーク・ライフ・バランスを実現できないがために会社を辞めざるを得なかった女性たちは、起業家の候補となるべき人材ともいえるだろう（Futagami and Helms, 2017a）。したがって、イノベーテ

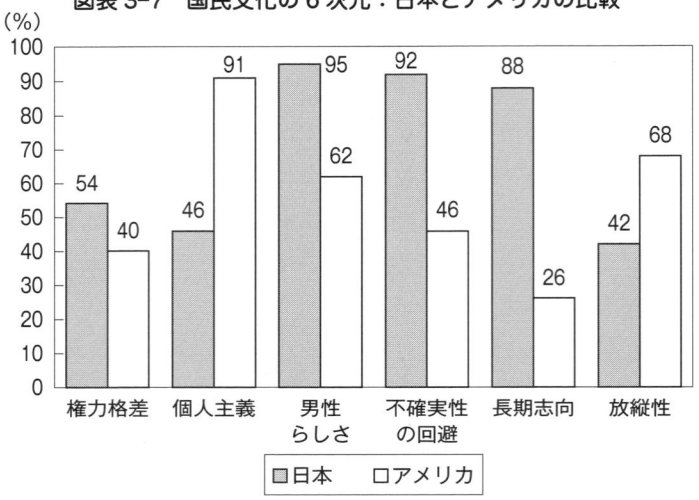

図表3-7　国民文化の6次元：日本とアメリカの比較

出所：Hofstede（2010）より、二神作成。

ィブな女性起業家の活躍が、日本経済の起爆剤となりうる（Futagami and Helms, 2009; 2017a）ので、アメリカにみられるような女性起業家の育成支援やベンチャーキャピタルの拡充など起業促進のための政策を整備することが、今後の日本の課題であるだろう。

第3節　女性のキャリア・マネジメント：女性の活躍推進に向けて

　グローバル化の進展とともに、冒頭に述べたような日本的経営が変容しつつある。また、少子・高齢化や情報化が進展するとともに、人びとの働き方も変化しつつある。本章では、国際比較の視点から、女性のキャリア・働き方について、検討した。

　日本の女性の年齢階級別労働力率は、スウェーデンの逆U字型と比べると、依然としてM字型カーブを描いていることがわかった。改正育児・介護休業法も施行され、のちの章でふれるように、家庭と仕事の両立支援に向けて企業の取り組みも進んできているが、女性のキャリア・マネジメントにおい

て、ワーク・ライフ・バランスの実現は、重要な課題である。

　また、日本の非正規従業員の大半が女性であることを考慮すると、正規従業員と非正規従業員との格差は、ディーセント・ワークの視点から、深刻である。その意味で、オランダにみられるフレキシキュリティの導入は、参考になる。女性のキャリア・マネジメントを検討するうえで、ディーセント・ワークの視点は不可欠であり、オランダ・モデルは、人間らしい働き方を実現する理想的モデルともいえるだろう。

　そして、日本の女性管理職比率は、アメリカの43％と比較すると、11％と低い。とくに、女性役員比率は、ノルウェーの35.5％と比較すると、3.1％ときわめて低い。ノルウェーでは、2004年に会社法が改正されて以来、取締役会における性別クォータ制度が適用され、取締役が10人以上であれば、いずれの性別も40％を下回ってはならないことになった。女性役員比率の増大によって、企業の業績も向上したという調査も報告されている（Catalyst, 2015）。日本でも、2016年4月1日より女性活躍推進法が施行され、数値目標を盛り込んだ行動計画の策定や公表等が事業主に義務付けられた。こうしたなか、ノルウェーの女性活躍推進の動向は非常に示唆に富んでいる。

　さらに、アメリカと日本の女性起業家を比較した。そこで明らかになったのは、女性起業家の育成支援やベンチャーキャピタルの拡充など、起業促進のための政策や制度の整備も重要だが、文化や意識の違いが大きいことであった。日本の文化や社会が、女性の起業を妨害していること、不確実性やリスクを回避し、長期的安定を望むという日本の国民性が、起業を生み出しにくい文化的背景になっていることがわかった。したがって、女性起業家の活躍が日本経済の起爆剤となりうるので、早期のキャリア教育や社会全体の意識改革によって、女性起業家の活躍を推進することも重要であるだろう。

●参考文献

Abegglen, James C.（1958）*The Japanese factory: Aspects of its social organization*, Free Press.（占部都美盬訳『日本の経営』ダイヤモンド社、1960年）

Catalyst（2015）*Catalyst Census: Women Board Directors*, New York: Catalyst.

Freeman, Richard B. (1998) War of the models: Which labour market institutions for the 21st century? *Labour Economics*, 5, pp. 1–24.

Futagami, Shiho (2006) Zeitarbeiter in Japan, *PERSONAL*, Heft 11, S. 38–40.

Futagami, Shiho (2010) Non-Standard Employment in Japan: Gender Dimensions, International Institute for Labour Studies, International Labour Organization, 200, pp. 1–20.

Futagami, Shiho and Helms, Marilyn M. (2009) Emerging female entrepreneurship in Japan: A case study of Digimon Workers, *Thunderbird International Business Review*, Vol. 51, No. 1, pp. 71–85.

Futagami, Shiho and Helms, Marilyn M. (2017a) Can Women Avoid the Rice Paper Ceiling?: A SWOT Analysis of Entrepreneurship in Japan, *SAM Advanced Management Journal*, Vol. 82, No. 2, Spring, pp. 40–52.

Futagami, Shiho and Helms, Marilyn M. (2017b) Employment Challenges in Japan: Age and Gender Dimensions, *Japan Studies Review*, Vol. XXI, pp. 51–67.

二神枝保 (2002)『人材の流動化と個人と組織の新しい関わり方』多賀出版.

二神枝保 (2001)「人材の流動化と男女のキャリア」佐野陽子ほか編著『ジェンダー・マネジメント』東洋経済新報社、pp. 268–288.

二神枝保 (2003)「コンティンジェント・ワーカー」菊野一雄ほか編著『雇用・就労変革の人的資源管理』中央経済社、pp. 25–51.

二神枝保 (2004)「男女賃金格差」二神恭一編著『これからの賃金・退職金・企業年金』中央経済社、pp. 153–167.

二神枝保 (2014)「雇用・人材開発システムの日欧比較：ディーセント・ワークの視点からの分析」『しごと能力研究』第2号、pp. 123–148.

二神枝保 (2016)「フレキシキュリティの観点：人と組織の未来③」『生産性新聞』11月25日.

Hofstede, Geert (1980) *Culture's Consequences: International Differences in Work-Related Values*, Beverly Hills CA: Sage Publications.

Hofstede, Geert (2001) *Culture's Consequences: Comparing Values, Behaviors, Institutions and Organizations Across Nations*, Secound Edition, Thousand Oaks CA: Sage Publications.

Hofstede, Geert, Hofstede, Gert J., and Minkov, Michael (2010) *Cultures and Organizations: Software of the Mind*, 3rd Edition, New York: McGraw-Hill USA.

Knappskog, Tom (2017) Gender, Diversity, Work Life Balance and Social Policies in Norway, presented at the 2017 WIN (Women's International Networking) Pre-conference, Royal Norwegian Embassy Tokyo.

World Economic Forum (2016) *The Global Gender Gap Report 2016.*

（二神枝保）

第4章
ANAのキャリア・マネジメント
ダイバーシティの視点から

第1節 ANAの沿革と経営理念

1 ANAの努力と挑戦の歴史

　ANAは、1952年12月に第二次世界大戦によって壊滅した日本の航空産業を再興したいという思いで設立された純民間航空会社である。たった2機のヘリコプターと28人の役職員でスタートした。ANAの航空会社コードがNHであるのは、前身であるこの「日本ヘリコプター輸送」に由来する。創業時に掲げられた「高潔な企業」、「権威に屈することのない主体性を持つ企業」、「独立独歩できる企業」という経営理念に込められた創業者の想いは、現在も「努力と挑戦のDNA」として息づいている。1955年航空事業拡大のため、DC-3型機を導入し、ANA初のスチュワーデス（現キャビンアテンダント＝CA）が採用された。当時は、男性ですら就職難の時代であり、戦前に比べて様々な面で解放されたとはいえ、女性の雇用市場はまだまだ狭く、採用予定人数5、6人に対し、1000人の応募が殺到したと聞いている。その後、旅客部門充実のために、グランドホステス（地上係員）が採用されるなど、ANAでは創業の頃から、社内で女性が一緒に働くことが自然な会社だったといえる。

　私が入社した1979年当時は、45・47体制という国のルールにより、航空会社の担当範囲が決められており、ANAは国内線の運航しか許されていなかった。1986年、日本の航空自由化が一歩進み、創業以来の悲願であった定期国際線就航を果たすことになる。国際線黒字化のひとつの転機が、1999

年のスターアライアンスへの加盟であったが、ニューヨーク同時多発テロ、SARS の流行、リーマンショックなど、社会的なイベントリスクが立ちはだかり、国際線での安定収益確保までの道のりは、厳しいものがあった。

　2013 年、私たちは、ANA ホールディングスとして、再び創業者の思いに経ち返り、「自分たちの足で立ち続ける」というメッセージに結集し、再スタートをきった。アライアンス拡大によるネットワーク戦略、フルフラットシートや新型機ボーイング 787 をローンチカスタマーとして世界で初めて導入するなど、挑戦を続けた。困難に対しても逃げることなく、諦めることなく、社員が一体となって取り組んできたのが、ANA の「努力と挑戦」の歴史である。

2　ANA がめざすもの

1）経営理念、安全理念

　2013 年 4 月、ホールディングス制への移行に伴い、グループ経営理念・経営ビジョン・行動指針（ANA's Way）を刷新した（図表 4-1、図表 4-2）。策定にあたってはマネジメントトップの意見だけでなく、アンケートや職場でのディスカッションなどを通じ、多くのグループ社員からの声も踏まえて、要素や文言の精査を行った。そこには、創立より 60 年にわたって ANA グループの歴史のなかで培われ、私たち社員のなかに受け継がれてきた DNA と、

図表 4-1　理念とビジョン

グループ経営理念	ANAグループ安全理念
安心と信頼を基礎に世界をつなぐ心の翼で夢にあふれる未来に貢献します	安全は経営の基盤であり社会への責務である 私たちはお互いの理解と信頼のもと確かなしくみで安全を高めていきます

グループ経営ビジョン	
ANAグループは、お客様満足と価値創造で世界のリーディングエアライングループを目指します	私たちは一人ひとりの責任ある誠実な行動により安全を追求します

今後、競争が激しくなるなかにおいても、「挑戦し続ける」「強く生まれ変わる」「いつもお客様に寄り添う」気持ちをもって、社会の発展に貢献していこうという意思が込められた。

　また ANA グループにとって安全は、経営の基盤であり、すべての事業において守るべき絶対的な使命である。そのため、経営理念と並列で「ANA グループ安全理念」が存在する。なかでも安全運航は、さまざまな職種が互いに連携して支えており、相互の理解と信頼がとくに重要になる。世界最高水準の安全の追求・提供を行うことにより、お客様に「あんしん」を届けるために、謙虚に安全と向き合い、安全を追求し続けていく風土・文化を醸成する取り組みを継続している。

2）グループ行動指針（ANA's Way）

　前に述べた経営理念と安全理念の達成に向け、もつべき心構えや、取るべき行動をあらわしたものが、グループ行動指針である。「あんしん、あったか、あかるく元気！」は、ANA らしさとは何か、を探していた私たちがたどり着いた言葉であり、社員の心の拠り所となっている。また「ANA's Way Ambassador Program」もスタートさせ、世界各国の社員へも理解・浸透のための取り組みをグローバルに展開している。

図表 4-2　グループ行動指針 ANA's Way

私たちは「あんしん、あったか、あかるく元気！」に、次のように行動します。
1. 安全（Safety）：安全こそ経営の基盤、守り続けます。
2. お客様視点（Customer Orientation）：
常にお客様の視点に立って、最高の価値を生み出します。
3. 社会への責任（Social Responsibility）：
誠実かつ公正に、より良い社会に貢献します。
4. チームスピリット（Team Spirit）：
多様性を活かし、真摯に議論し一致して行動します。
5. 努力と挑戦（Endeavor）：
グローバルな視野を持って、ひたむきに努力し枠を超えて挑戦します。

3 ANAが育んでいる風土

1) お客様満足のためのES（Employee Satisfaction）向上に向けて

お客様満足はどの企業にとっても命題である。お客様満足を高めるために従業員が、いきいきと働くことができる職場を作ることが重要である。したがって、ES（Employee Satisfaction）、すなわち従業員満足もANAグループでは重要な命題になっている。

ANAグループでは毎年、海外も含む全社員に対し、仕事へ臨む想いや姿勢、職場満足度などを定点観測する「グループ社員意識調査（ANA's Way Survey）」を実施し、働きがいのある職場作りの一助としている。

また、ES向上のために、お客様からいただいた「お褒めの言葉」を広く共有し、仲間を認め、褒める文化を大切にしている。

相手の仕事のよいところを見つけたら、それをカードに記入して本人に手渡す「Good Job Card」（図表4-3）や、web上で相手に送る「Good Jobメッセージ」もある。メッセージを送った人、もらった人双方にポイントが付与され、一定程度貯まるとバッジが配布されるグレード制度や、グループ内でやり取りされたGood Jobメッセージ1通につき、1ポイント1円とし、社会貢献活動に寄付する仕組みもある。

その他にも行動指針に基づく好事例を表彰する「ANA's Way Award」も設けている。普段何気なく実践している習慣や、仕事に取り組む姿勢に気づき、それを仲間が認め合う風土を醸成している。

2) ANAバーチャルハリウッド

図表 4-3　Good Job Card

ANAバーチャルハリウッド（Virtual Hollywood）は、社員の挑戦や、チームスピリットを後押しする自発的提案活動である。

所属する会社や業務の枠を越えて、想いやアイデアに共感するメンバーが"バーチャル"なチームをつくり、調査やトライアルによって企画を練

図表 4-4　特別塗装機「東北フラワージェット」

り上げて、担当役員へ直接提案できる。2004 年にスタート以来約 1400 名の ANA グループ社員が参加しているが、まさに ANA グループの多様な人財が切磋琢磨しながら、既存概念に挑戦するダイバーシティ＆インクルージョンの体現となるプログラムである。なお、人財の考え方は次節で詳しくふれる。

　実現した一例として、航空機事故の記憶を忘れることなく日々安全運航に留意しながら、業務を遂行できるよう啓発するための「ANA 安全啓発センターの設立」や、社会企業家の活動を支援する「ANA Blue Wing」、特別塗装機「東北フラワージェット」などがある。

　東北フラワージェットは、「震災を風化させない」「東北の"元気と感謝"を全国に届けたい」をコンセプトに、東北に咲く、"強く・美しく・まっすぐな"花々をデザインした飛行機で、ANA 福島空港で働く社員の提案により実現し、東京オリンピックが開催される 2020 年まで、国内線の各地に就航する（図表 4-4）。

3）共創社会をめざしての地域貢献活動

　ANA 総合研究所では、よりよい社会に貢献するために、ANA グループのナレッジ・ノウハウを活用して、「航空産業の活性化」「サービス産業人材の育成」「地方創生・地域活性」にも取り組んでいる。地域が活性化し、その魅力が高まることにより、首都圏や海外、各地域との人・物の流動を増やすことができると考え、様々な取り組みを行っている。

　地域活性化の一事例として、ANA グループの社員や OG・OB を派遣し、その地域の人々と協働しながら、新たな視点で地域の魅力を発掘し、プロモーションを行っている。2017 年 4 月現在、CA を含む 15 名の地域駐在員が、

派遣されている。

　一例では、2007年10月に地域協働協定を締結し、愛媛県宇和島市にCA出身の地域再生マネージャーを派遣した。宇和島市は、日本一の真珠生産地であるが、真珠が日常にあることが当たり前であり、その価値や魅力に、地域の方々は気がついていなかった。地元の方々と対話を行うなかで、PRの一環として生まれたのが「パールビズ」活動である。これは、性別を問わず、特産の真珠製品を身につけることで、地元に対する愛着をもってもらうこと、また地域外の人に対し、真珠をアピールすることで、話題性やストーリー性をもたせて、一人ひとりが「真珠の町宇和島」の「歩く広告塔」として活躍するもので、現在も続いている。

第2節 ANAのキャリア・マネジメント

1　いきいきと輝いて働ける環境整備

1）求める人財像

　ANAグループは、早くから社員を「人材」ではなく「人財」と表現し、「人財こそが最大の資産であり、差別化の源泉」との価値概念に立ち、人財開発に取り組んできた。

　そのコンセプトは「自律成長」。"手取り足取り"ではなく、あくまでも社員一人ひとりの「成長したいという意志と意欲」を原動力にして、"挑戦する人財"を求めている。そのため、個人のキャリアをサポートする研修プログラムや制度を数多く用意している。

　ANAには、グローバルスタッフ職（事務）とグローバルスタッフ職（技術）という「総合職」、運航乗務職、客室乗務職、エキスパートスタッフ職の「専門職」があり、それぞれにプロフェッショナルとしての非常に高い専門性を求めている。

　第1節で述べた通り、ANAグループの経営理念は、お客様との約束であり、経営の根幹に位置付けられる私たちの責務である。その責務を確実に全うできる人財育成に向け、職種別にプロフェッショナル養成のための人財開発体

図表 4-5　人財開発体系

グローバルスタッフ職（事務）	グローバルスタッフ職（技術）
入社から 10 年目までを「エアライン」と「ビジネス」の基礎を身に付ける期間と位置付け、ジョブローテーションによりフロントライン（顧客接点）や海外研修を含む複数の仕事を経験する。 また、1、4、10 年目には階層別研修として同期社員との共通の学びの機会を設定している。	入社すると、約半年間かけて「整備基礎訓練」を受講し、航空機や航空機整備に関する基礎を学ぶ。その内容は座学から整備作業の OJT（On the Job Training）まで多岐にわたる。その後、整備の 4 つの現業部門のうち、ドック整備・装備品整備・原動機整備のいずれかに配置され、グローバルスタッフ職（技術）としてのキャリアを始める。
客室乗務職 長期的視点でキャリアを考えた人財開発プログラムで、専門性の深化をサポートする。入社時の専門訓練や実機訓練をはじめ、グローバルマインド教育、階層別研修、組織マネジメント教育など、キャリアステップに合わせた少人数での教育が特徴である。また、経験に応じた登用機会として、地上部門への配置（スタッフアドバイザー）や、インストラクター、海外実務研修などがある。	**運航乗務職** ANA 社員としての基礎を学ぶ目的で空港や営業の仕事を経験する地上配置（1～2 年）、ドイツとアメリカで実施する基礎訓練、日本国内で実施する実用機訓練により「Multi-crew Pilot License（MPL）＝操縦士資格」の取得を目指す。その後、運航便での乗務経験を積み、副操縦士への昇格を目指していく。

出所：ANA グループ社内資料より作成。

系を組んでいる。図表 4-5 には現在採用を行っている 4 職種を示す。

2)「自律成長」をサポートする教育・研修プログラム

　プロフェッショナル養成のための人財開発プログラムと合わせ、ANA では個人のキャリアを尊重し、社員の「自律成長」をサポートする多くの教育・研修プログラムを用意している。通信教育は「語学」「ビジネススキル」「教養」「資格取得」など約 200 コースあり、オープンセミナーは「異文化理解」「異業種交流」など約 50 コースがあり、社員一人ひとりが自身のキャリアを考え、そのニーズに合わせて活用している。

3) 活躍を支援する制度

　「自律成長」のために、教育・研修プログラムと合わせ自ら選択やチャレンジできる各種制度を整備し、個人のキャリアを尊重し、活躍できるような支援を行っている。主な活躍支援制度は図表 4-6 の通りである。

図表 4-6　活躍支援制度

総合職転換制度	入社時の職掌から総合職掌への転換にチャレンジ可能
管理職チャレンジ制度	管理職への昇格にチャレンジ可能
わくわく休職制度	社内キャリアに活かせる能力・スキルの向上を目的とし、留学やボランティアなど、自身のキャリアや視野拡大の機会として休職可能
海外実務研修制度	海外事業所における総務・営業・運航などの実務担当にチャレンジ可能
ANA グループ人財公募制度	ANA グループ社員が会社の枠を超えて新しい業務にチャレンジ可能
ANA グループスマートチャレンジ制度	障がいのあるグループ社員が会社の枠を超えて新しい業務にチャレンジ可能

出所：ANA グループ社内資料より作成。

4) 女性を応援する制度

　ANA の女性活躍推進の取り組みが強化されたのは、2007 年、人事部に「いきいき推進室」が発足してからだ。キャリアを重ね、活躍している女性が、結婚や妊娠、出産を機に退職してしまう事例が少なからずみられた。ライフイベントに連動して、大切な人財が退職してしまうのは、本人にとっても会社にとっても、最も残念なことである。そうした女性の就業継続支援を目的に専任組織が作られたのだ。

　まずは、「多様なロールモデルの提示」と「出産後も働き続けられる環境整備」の対応を行った。

　「多様なロールモデルの提示」については、社内にロールモデルが存在しなかったというわけではなく、表に出る機会が少なかっただけであった。ロールモデルの対象となる社員にインタビューを行い、その内容をホームページで紹介し、誰もが参考にできるようにした。また、各種セミナーで、直接話す機会を設定するなど、多様なロールモデルに出会える環境を整えた。「出産後も働き続けられる環境整備」については、航空会社の業務の特徴である、24 時間 365 日、早番、遅番、夜勤、宿泊という超シフト勤務に応じた制度が必要であった。

　具体的には、時間制約がある期間は、働く時間を短くする短時間勤務や働

図表 4-7　業務特性に応じた勤務制度

短時間勤務制度	勤務時間を 5、6、7 時間に短縮可能（通常は 8 時間）
短日数勤務制度	勤務日数を 5 割、7 割、9 割に短縮可能
育児日	3 日/月間取得可能
配偶者転勤休職制度	配偶者の海外転勤に同行する社員は 2 年を限度に休職可能
退職者再雇用制度 （客室乗務職対象）	退職後も再度、客室乗務職の経験者として応募可能
かがやきサポート制度 （客室乗務職対象）	配偶者の転勤に合わせて大阪・東京に限り、勤務地変更が可能

出所：ANA グループ社内資料より作成。

く日数を少なくする短日数勤務を選択できる制度を整えた（図表 4-7）。

　さらに、復職および両立支援の一環として「仕事と育児の両立支援セミナー」を実施している。復職後に利用できる制度の説明や、社外講師による両立支援策やキャリア形成について学ぶ機会、ロールモデル社員の経験談を聞く機会としている。セミナーには、育児休職中の社員本人だけでなく、パートナーや子供、プレママやプレパパ、すでに育児休職から復職した社員も参加可能で、様々な立場や育児環境から、仕事と育児の両立を考える機会となっている。

　また、保育園探しやパートナーとの家事分担、外部サービスの利用方法など、復職までの準備を 1 冊にまとめた「ANA 仕事復帰応援ブック」を配布し、好評を得ている。

5）上司と部下の意識改革

　「働きやすい」環境整備を行っても、ともに働く同僚や上司とのコミュニケーションが良好でなければ、「働きがい」につながらないのではないか。

　ANA は 2014 年にファザーリングジャパンが主催するイクボス企業同盟に加盟し、イクボス社員の養成を始めた。

　イクボスとは、「職場でともに働く部下やスタッフのワーク・ライフ・バランスを考え、その人のキャリアと人生を応援しながら、組織の業績も結果を出しつつ、自らも仕事と私生活を楽しめる上司のこと（ファザーリングジャパンイクボス企業同盟サイト http://fathering.jp/）」である。

　制約を受けながら働く社員や多様な働き方をマネジメントする上司の役割は重要だ。何らかの事情でチームメンバーが欠けたとしても、チームでカバーし、チームで成果を出せる組織をめざしている。そのために、上司はプライベートを含めた部下の状況を知ろうとすることが大切で、十分な対話に基づき業務指示をすることが肝要である。

　こういった上司を増やすために、セミナーの実施、イクボスの行動宣言発表、職場のイクボス紹介、イクボス＆イクメンハンドブックの作成などを行っている。

　マネジメント層は、働き方改革にも大きく影響するキーパーソンであるという観点から、人財戦略にも「イクボス推進」を掲げている。「上司も部下も 100 ％のパフォーマンスを発揮できる会社」をめざし、社員全体の意識改革を進めている。

2　自分自身のキャリアの軌跡：働くことの喜び、価値、人とのつながり

　この項では客室乗務員として入社し、ANA の役員を経て、現在 ANA 総合研究所の副社長となった私自身のキャリアの軌跡を紹介したいと思う。

1）CA という仕事の選択

　私が大学を卒業した 1979 年当時は、女性にとって結婚、出産が幸せのゴールであり、家庭にとどまるのが一般的と考えられている時代だった。ただ、そのような道を歩むにしても、一度は社会人としての経験を積むことは必要であり、卒業後に企業に就職するのが当然とされていた。

　同級生が銀行・商社など次々に就職先を決めていくなかで、私が航空会社、そして CA に興味をもったのは、女性の憧れの職業というイメージとともに、日本各地いろんなところに行けて楽しそう、かつ自分の性分から机の前に座ってする仕事よりもアクティブで向いているのでは、という安易な動機であった。

　そのような気持ちでのスタートであったため、入社後の約 1 カ月半にわたる乗務資格取得訓練は今振り返っても厳しいものであり、かつてこんなに必死に勉強したことはないというくらい、追い詰められたものであった。

　とくにCAに求められる安全保安要員としての業務に関するチェックは厳しく、航空会社にとって安全が何よりも大切な品質であることを叩きこまれた。同時にサービス要員としてもトレーの差し出し方、通路の歩き方などの立ち居振る舞いや標準語かつ正しい日本語でのお客様との会話など、細かな指導は否が応でもプロとしての自覚を植え付けるものであった。

　当時を一緒に過ごした仲間に会うと、「あのときは本当に大変だったが、人生のなかで大切なものを教えてもらった。ANAのCAとして学んだことは今も体に染みついていて、普段の生活のなかで役に立っていて感謝している」という言葉を聞く。

　「キャリア」という言葉もなく、キャリア形成を具体的に考えている者は私を含め周囲にはいなかったが、最も大切な社会人としての学び＝キャリア形成の基盤が築かれていた。

2）初めての人事異動

　入社して3〜4年もたつと仲間は次々と退社していったが、私は日本全国を飛び回りながら各地の文化、人との出会い、日本の自然の美しさを存分に楽しんでいた。

　業務面では、退職者補充と大型機化での大量採用で次々と入ってくる新入生の指導や国内線のチーフパーサーの役割を任されるようになり、責任は重くなっていったが、それに比例してやりがいを感じていた。

　しかし、こういった仕事にも慣れた入社7年目に転機を迎えることになる。ANAが定期国際線を運航することになり、それまで地域限定採用であった大阪配属のCAに成田への異動に関する意思確認が行われたのだ。面談で「会社の命に従います」と答えた私の名前は、異動メンバーの第1陣リストになかった。そのときに、本当は新しいことにチャレンジしたかったのだという自分の気持ちに気づいた。それまでは自分を押し出すこともなく、仕事ぶりは可もなく不可もなくという状態だった。このときに、次のステップに向かうには自分の意志を発信しないといけないということを学んだ。

　幸い第2陣の異動メンバーにリストアップされ、上司である部長のところに挨拶に行ったときに、もうひとつ大切なことを学んだ。大きな組織であり

普段一緒に仕事をしているわけではない部長とCAの間には距離があった。私にとっては形式的な挨拶だったが、「君の仕事ぶりは聞いているよ。頑張ってこいよ」という一言とともに肩を叩かれた。いつも一緒にフライトをしていた先輩チーフが私のことを部長に報告してくださっていたのだ。そのことがわかったとき、驚きとともに感謝の気持ちがこみ上げてきた。

「見てくれている人がいた喜び」、人数が多くてもポジションが離れていても、一人ひとりの仕事ぶりを認めてもらえることがこんなに人の気持ちを変えるのだという貴重な教訓を得た人事異動であり、キャリアを意識する起点にもなった。

3）国際線の急激な拡大のなかで

成田に異動し定期国際線乗務を開始するわけだが、集まったメンバー全員にとって国際線のサービスは初めての経験だった。誰もがゼロからのスタート、セニョリティを超えて喧々諤々の議論でサービスを作り上げることが面白くてたまらなかった。しかし、就航してから3〜4年後には急速な路線拡大とともにCA数も250名から1300名と約5倍に膨れ上がり、組織も大きくなった。それまでは小さな組織であり、お互いを知っているなかで阿吽の呼吸だったコミュニケーションがギクシャクし始めたのだ。このままでは世界での競争に勝ち残れないという危機感から、「志を同じくして心を一つにして世界一を目指そう」というプロジェクトがスタートした。このプロジェクトのミッションは、「お客様にとって」を主語に、「現場で起こっていることは現場で解決策を考えよう」というものだった。

企画部門と現場が向き合ってしまうのではなく、同じ方向を向いて進んでいこうという姿勢は、現場の声をサービスに反映するという仕組みや、またCAも会社方針を理解したうえで提案をしていこうという意識の変化をもたらした。お客様のニーズに応じたソフトドリンク類の銘柄変更、展開する海外路線での第二外国語のアナウンスマニュアルの作成などの目に見える変化とともに、自分たちの成長が会社の成長に繋がっていくことを実感した。CAとして機内業務の枠組みを超えて、組織を動かす一員としての役割を果たしていきたいという自覚をもった時期でもあった。

4）管理職の一歩手前で部下をもったとき

　ようやく慣れてきた国際線でも、同乗するクルーをまとめるチーフパーサーを担当するようになり、組織においても約10名の部下をもつ班長になった。その班長としての苦い経験がある。

　初めて部下をもち班員の指導育成にあたり必死の思いが先だったのだろう。同じ頃に配属になった2人の後輩を比較して「どうしてあなたはできないの？」という一言を発したのだ。その部下からは「いつも比較して注意をする。私は私なりに頑張っているのにどうしてそれを見てくれないの？」という言葉がかえってきた。

　かつて異動の際に一人ひとりの成長を見守る大切さを学んだはずだったのに、そのことをすっかり忘れていたのだ。自分のキャリア形成のみならず、部下のキャリアに影響を与える存在になり始めたことに気づき、リーダーとしての自覚が芽生えてきた。

5）管理職となって

　チーフパーサー、班長として部下の育成にかかわった経験を経て、入社約20年後に管理職発令を受けた。それまではずっと乗務中心の仕事に携わっていたが、ここで初めて地上に降りて客室にかかわる業務をサポートする役割を担うことになる。

　ついつい管理職なのにと力が入ってしまうのだが、そのときに心掛けたのは、「知っているふり、わかっているふり」をせずに、素直に聞く、学ぶという姿勢である。わからないことは、教えてもらう、教えてもらったら感謝し、次の仕事に生かす、当たり前のことをあらためて肝に銘じて仕事に臨んだ。

　同時に部下の声を「聴く」ことも大切にした。結婚、出産、介護、人間関係と多岐にわたる悩みを抱える部下との対話は、「どうして？」ではなく「何があったの？」という問いで始めるようにした。そして対話は1回で終わるのではなく、2回3回と継続することも心掛けた。結論は一呼吸おいて、本人に見出してほしいという思いからだった。

　大学時代にカウンセリングを学んだときの「カウンセラーは、クライアン

トを無条件に受容し、尊重することによって、クライアントが自分自身を受容し尊重することを促すのである（心理学者カール・ロジャース）」という言葉を思い起こしていた。

　管理職というのは、仕事に就いたときからめざした目標ではなかったが、学生のときから何か人の役に立つことができればと学んできたことに繋がり、ここまで温かく私の成長を見守ってくれた上司や仲間への感謝の気持ちとともに、まだできることがあるのではと自分の可能性に目覚めるきっかけともなった。

6）執行役員、部門長となって

　管理職となり課長、部長と仕事の範囲を広げながら、会社の意思決定に参画できる執行役員となり、客室部門の統括責任者ともなった。

　この時期はリーマンショックの影響で、世界・日本経済が傷んでいる状況だった。日本の経済界、航空業界、そして ANA を取り巻く環境も厳しく、「聖域なき改革」に取り組むことが経営命題ともなっていた。客室部門でも、サービス改革や、重複業務の点検、コスト削減やこれまでの働き方を見直すことなど、様々な課題に取り組んだ。その業務プロセス改革のひとつが、全CA に iPad を導入したことであり、世界初の試みである。

　これまで CA は、紙の乗務マニュアルを携行していた。このマニュアルは頻繁かつ大量に内容の改訂が行われ、その差し替え作業は２カ月に１回、CA が自身の手作業で行っていた。iPad 導入により、いつでも最新のマニュアルにアクセスができ、フライト前の円滑な準備と知識習得が可能になった。訓練では、動画教材を活用し、リピート学習が容易になった。また従来のマニュアルより軽くなったことで、持ち運びが容易になっただけでなく、燃料削減にも繋がった。

　厳しい環境下であっても、将来の環境の変化を見据え、「変える」という判断が重要である。新しいことにチャレンジするときには従来の枠組みを超えることや、スピード感のある判断と同時に、新しいものを取り入れ、進化させることの大切さを実感した経験であった。

7）ANA グループの役員として

　役員として客室の統括責任者とともに、グループ女性活躍推進と 2020 東京オリンピック・パラリンピック推進も担当してきた。現在は、ANA 総合研究所にいるが、この役割で担ったダイバーシティ＆インクルージョンの推進は、これからも引き続き行っていきたいと考えている。

　自分自身のキャリアもそうであるが、ANA グループにおいては、専門性（整備、CA、パイロット、運航管理など）が強みで安全運航を支えている。所属会社、職掌、ジェンダー、国籍、キャリア、世代、LGBT、障がい者、働き方など、様々な背景をもつ人財と意見を交わしながら新しい価値を作り出す仕掛けは、まだまだ工夫の余地があると考えている。

　単なる労働力の確保という理由ではなく、多様な人財が輝き続けることが企業の永続的な成長に不可欠と確信している。ANA グループを退職した後も、これまでの業務経験を活かし、社外で人財育成や地域活性に取り組んでいる仲間や、これまでと違ったフィールドでの経験を経て、再雇用制度などで、ANA グループに戻ってくる仲間の活躍も期待している。

　キャリアには終わりがなく、自分にできることを探し見つけやっていく私の旅はまだ続いている。

第 3 節　経営戦略としてのダイバーシティ＆インクルージョン

1　経営トップのコミットメント

　2015 年 4 月に ANA グループ CEO から「ダイバーシティ＆インクルージョン宣言」（図表 4-8）が発表された。

　これは「多様性を大切にし、その強みを最大限発揮し、誰もがいきいきとやりがいを持って働く ANA グループを創ること」を目標に作成されたものである。

　ダイバーシティ（多様性）×インクルージョン（受容）＝イノベーション（新しい価値創造）につながるという考え方だ。

　この戦略をリードしていく役員は、整備、CA、パイロット出身と、多様

図表 4-8　ANA グループダイバーシティ＆インクルージョン宣言

> 私たちは、
> ・「ダイバーシティ＆インクルージョン」を新しい価値創造（イノベーション）の
> 　源泉と考え、社員の多様性を大切にします。
> ・一人ひとりが自らの強みを存分に発揮でき、その強みを最大限活かす職場づくり
> 　に取り組みます。
> ・誰もがいきいきとやりがいを持って働くことで、揺るぎない信頼とたゆまぬ変革
> 　を生み出す ANA グループを創ります。

なメンバーで構成されており、様々な経験や視点を経営に活かしている。

2　多様な人財の活躍

1）女　　　性

　2013 年度には、女性社員のさらなる活躍に向けて、経営トップがポジティブ・アクション宣言を行った。「商品やブランドに新たな価値を創造する源泉」として、また、「組織に新しい価値観や変革をもたらす原動力」として、女性社員の活躍推進を経営戦略の一つとして位置付け、多様化するニーズへの対応、新規需要掘り起こし、ビジネスチャンス創出、新しい価値観・組織変革など、女性活躍が経営にもたらす効果を具体化したのだ。同時に、女性役員および女性管理職（マネジャー職以上）における 2020 年末までの数値目標を掲げた。目標と進捗状況は図表 4-9 の通りだ。

　目標①の女性役員はすでに目標を達成しており、現在 4 名である。客室乗務職出身や営業部門出身など、これまでのキャリアも多様なメンバーである。

　一方、目標②の女性管理職比率は、現在 13.3 ％であり、目標達成に向けて推進中である。管理職や役員比率だけが、女性活躍ではないが、様々な事項を決定する機会や指導的立場に男性も女性も偏りなく配置されており、様々な視点が入ることが、ダイバーシティ経営には重要だと思っている。

　その達成に向けた女性管理職育成プログラムとして、キャリアデザインセミナー（キャリアを中長期的にどうデザインしていくかを自律的に考え、働き続ける意味やライフイベントの乗り越え方を考える）、キャリアアップ研修（管理職一歩手前の女性社員を対象に一歩踏み出すきっかけをつくる）、異業種交流研修（他社からの気

図表 4-9　ポジティブ・アクション宣言　数値目標と進捗状況

数値目標	進捗状況
目標①女性役員 2 名以上（社外取締役除く）	4 名（2014 年度達成）
目標②女性管理職比率　15 ％	13.3 ％（2017 年 4 月現在）
目標③グローバルスタッフ職（事務）および客室乗務職における女性管理職比率　30 ％	24.9 ％（2017 年 4 月現在）

づきを新たな価値観として自身のスキルや業務に活かす）、社外研修（社外のロールモデルにふれ、モチベーションや視座を高める）への参加など自律的にキャリアを考える機会を設けている。ANA の管理職登用は本人の意思によるチャレンジ制度（手挙げ制）であるが、女性社員は男性社員に比べ、能力に差がなくても、「自信がない」としり込みしがちであるため、教育研修機会、上司のサポートは重要な意味をもつと考える。

ダイバーシティ経営は、先に述べた通り、多様な人財や多様な視点による価値創造であり、女性の活躍の仕方も様々だ。

例えば、第 2 節で述べた私のようなケースもあれば、入社以来ずっと客室乗務員として研鑽を積み、フライトのスペシャリストとして 60 歳の定年退職後も雇用延長でフライトし続ける社員、職掌転換制度を利用し総合職になる社員、一度退職しても再雇用で即戦力として復帰し、それまで培ったスキルを発揮する社員など、多種多様である。

ANA グループの女性管理職では、ANA_WINDS というネットワークを作り、コミュニケーション強化、SNS での情報交換、ロールモデルによる新たな視点のインプットなどを行っている。これは、会社や部署が異なるなかでは、お互いを知る機会が少ないことから、所属を超えたネットワークを作り活性化の場として提供しているものである。

2）ベテラン・シニア

ベテラン・シニア社員の継続した活躍に向けては、多様化するキャリア志向に応えた複数の選択肢を用意し、キャリア研修をより効果的に実施することにより、一人ひとりのキャリアの自律をめざしている。個人のキャリア志

向と職務とのベストマッチングは、仕事上の成果のみならず、後進へのスキルノウハウ伝承のモチベーションにも繋げることができる。

60 歳以降のシニア社員が具体的に活躍している例として、「キャリア相談員」が挙げられる。現在、国家資格「キャリコンサルタント」を有した 15 名のキャリア相談員のうち、7 名がシニア社員である。みな、社内研修の講師など他の仕事と兼務しているが、若手社員からベテラン・シニア社員まで、日頃職場では相談しにくいキャリアについての悩みを、マンツーマンで親身に相談にのっている。まさに、シニア社員ならではの職務のひとつであると考えている。

3）クロスカルチャー

外国籍社員には経験や文化的背景を強みにできる人財を求めている。例えば、こんな事例がある。CA に接遇や ANA のおもてなしを教育するインストラクターには欧米人の CA もいる。また、毎年実施している「OMOTENASHI の達人」スキルコンテストでの海外 CA の活躍が際立っている。

日本の航空会社として日本ならではのサービスを行うことも必要だが、就航国のお客様の文化や慣習を知り、状況に応じたサービスを提供するお客様視点は非常に重要である。そのような場面で、クロスカルチャーは大きな役割を果たす。

文化や慣習の違いから、意見が対立することもあるが、様々な意見が「交じり合うこと」「受け入れること」で「気づくこと」「発見すること」がある。これまでのやり方を見直す、新しい視点で発想するなど、これはまさに ANA が求めるダイバーシティ＆インクルージョン推進の先にあるイノベーション（価値創造）であると思っている。

4）障がい者

ANA グループでは、2012 年に「グループ障がい者雇用推進室」を設置し、グループ全体で障がい者雇用の取り組みを本格化した。現在ではグループ全体の障がい者雇用率は 2.25 ％となり、680 名を超える障がいのある社員が活躍している。また、前述した「ANA グループダイバーシティ＆インクルージョン宣言」に繋がるものとして、「ANA グループ障がい者雇用に関わる

図表 4-10　ANA グループ障がい者雇用にかかわる行動規範「3 万 6 千人のスタート」

> 　私たち ANA グループ各社は、障がい者雇用を法律で定められているからではなく、社会的公器の自然な責任として、更にはグループを支える貴重な戦力の確保と考えています。
> 　そのために、グループの全社員が「障がい」とその多様性を正しく理解します。そして、共に働く仲間の強みを生かし、誰もが自信と誇りを持って働き、ひとりひとりが輝く、活力のある企業グループを目指し、以下を実践します。
> ●私たち全ての社員は、障がいに起因する働く上での不便さを解消するよう最大限の努力をします。
> ●私たちは互いに向き合い、個を尊重します。障がいをもつ社員は、自分の障がいにとって必要なサポートを周囲に伝え、理解を得られるよう働きかけます。
> ●私たちは「出来ないことではなく、出来ること」に着目し、無限の可能性を追求します。
> ● ANA グループは、障がいのあるなしに関わらず事業の発展に必要な戦力として、すべての社員に活躍の機会を提供します。

行動規範 "3 万 6 千人のスタート"」を策定した（図表 4-10）。これはグループ各社の人事担当者や障がいのある社員が合宿をし、何度も議論を重ねて創ったものである。大切にしているのは、「障がいのあるなしに関わらず」という考え方であり、障がいがあることによって不得意なことはあるかもしれないが、他の誰かと比較してではなく、一人ひとりが戦力として活躍してもらうことを重視している。そのために会社や周りの仲間が必要なサポートをすることは当たり前のこと。隨がい者雇用は会社が採用することがゴールではなく、入社した社員が ANA グループでどんな活躍をしてもらうかが重要であり、障がいのあるなしにかかわらず、仕事で何を生み出すのかを追求することに価値があると思っている。

　障がい種別の割合は、身体障がいが約 50 ％、知的障がいが約 30 ％、精神障がいが約 20 ％である。

　次に、特例子会社で障がいをもって働く社員の活躍を紹介する。

◆大阪ドキュメントセンター

　2013 年に設立され、20 名以上の障がいのある社員が、現在運航するすべての ANA グループ航空機の整備記録など月間 30 万枚以上の紙の資料を電子データ化する業務を行っている。これにより、世界各地からの機体整備に

かかわる問い合わせにタイムリーに答えられるようになり、安全運航に大きな貢献をしている。さらに、多くの就業支援施設や特別支援学校の方が来訪するなど、地域からも注目され、2014年には大阪府知事と大阪市長の連名による感謝状も頂いた。

◆コンビニエンスストア

2014年にANA殿町ビジネスセンター内にてスタッフがすべて障がいのある社員というコンビニエンスストア1号店をオープンした。2015年に訓練センターに2号店、2016年には羽田整備地区に3号店と店舗数を拡大し、とくに3号店は全国初の「スーパーバリアフリー店」として、お客様にとっても働くスタッフにとってもバリアフリーな店づくりをしている。

◆コンサルティング事業

2016年8月に、「年齢、性別、国籍、障がいの有無・種別、言語などにとらわれず、誰もが当たり前に利用できる環境づくり」をめざしたユニバーサル・スタンダード・サーベイを行う部署を設立した。ここでは障がいのある社員も含めて、空港、飛行機、オフィス、店舗などで、過ごしやすい環境について検討している。

◆青島ファクトリー

2016年10月に宮崎県青島に2つの工房を設立。地域の障がいのある方を雇用し、紙の工房では手漉きの再生紙から名刺やハガキを製作し、木の工房では航空機のモデルプレーンの製造を行っている。宮崎の県木「飫肥杉(おびすぎ)」を材料とするなど、地域に根付いた事業によって成長をめざしている。

5) LGBT

2015年12月、「ANAグループダイバーシティ＆インクルージョンフォーラム」で初めて「LGBT」(Lesbian, Gay, Bisexuality, Transgender)講演会を実施した。社員の反響は大きく、多くの社員が「LGBTのお客様や社員がいないわけではなく、見えていない、気づけていなかっただけ」であることを認識した。当事者からは、会社から自分たちの存在を認めてもらえて嬉しいとの声があった。そこで社内にプロジェクトチームを立ち上げ、LGBTのお

客様や社員が苦痛に感じていること、「LGBT フレンドリー企業」に求められるものは何か？を考え、まずは、「お客様サービス」と「社内の環境整備」に分けて取り組みを開始することにした。

「お客様サービス」の視点では、ANA カードファミリーマイルのファミリー会員、特典利用者における同性パートナーの登録、空港ラウンジでの「だれでもトイレ」の施設改修である。

一方、「社内の環境整備」では、社員向け LGBT 相談窓口の整備、社内啓発教育の強化、福利厚生制度への対応である。

まだ取り組みを始めたばかりであるが、こうした社員を真に理解し、活躍を応援していくことが、経営戦略としてのダイバーシティ、多様な人財の活躍支援だと考える。

6）アスリート社員

ANA グループには、現在 13 名のアスリート社員が在籍している。

アスリートとして、また社会人としても、世界のトップレベルで活躍したいという姿勢は、真に ANA's Way 行動指針に掲げる「努力と挑戦」にマッチングすると考えたからだ。

世界のトップレベルでの活躍をめざすアスリート社員には、多様な人財を求める当社の人財戦略のなかでの象徴的な存在として、社内に新しい風を吹き込んでもらうとともに、「真に世界と闘う」ことの意味を伝えてほしいと考えている。

2016 年リオオリンピック代表に選ばれたラグビー選手や、同じく 2016 年リオパラリンピック水泳で銅メダルを獲得した選手の応援では、ANA グループ社員全体で、一体感やチームスピリットを感じ、大きな感動に包まれる体験をした。こうした経験は、「アスリート社員」という多様な人財がもたらすダイバーシティ＆インクルージョンの素晴らしさだと感動した。

3　これまでのキャリアを振り返って

ここまで、ANA のキャリア・マネジメントについて、多種多様な人財を活かすというダイバーシティ＆インクルージョンの観点から「会社としての

歩みと取り組み」、「私個人の振り返り」を紹介してきた。

キャリアを歩いてきた軌跡だと捉えると、会社組織においても個人にとっても、振り返った時に一つひとつの足跡が浮かび上がってくる。消すことはできないし、また無駄なものは何もないと確信できる。そしてこの足跡は、単なる経験の積み重ねではなく、その時々の環境や人との出会いが掛け合わさったものであったことにも気づく。

「無駄な経験は何もなかった」 自分のキャリアにおいて、機会が提供されたときには「NO」といわないで引き受けようと決めてやってきた。そのときに私の背中を押してくれたのは、「できるかできないかは自分で決めるのではなく周りが決める」という先輩からの言葉だった。当たり前であるが、最初からできないだろうと思って物事を頼むわけはないということでもある。少し勇気はいるかもしれないが、チャンスはどこにでもあると信じて一歩踏み出してほしい。

「人とのネットワークが無形の財産」 社内外で育んできた、また広げてきたネットワークが、色々な場面で役に立っている。所属する業界、会社、職場で、当たり前と思っていることや常識としていることがそうではないことに気づかされたり、逆に自分たちが気づいていない強みや価値があることを外から教えてもらうことがある。

「あれもこれものチャレンジ」 キャリアの話がされるときに、よく３つのフィールド（ワーク・ライフ・ソーシャル）が語られる。

それぞれの輪を広げ、その重なりを大きくする余地がまだあると考えている。

自分のキャリア形成で培ったことを、ソーシャル（社会）でどう生かしていけるのかをこれからのテーマとしていきたい。

そのときに大切にしたい軸は、「好きなもの」「あれもこれも」である。自分が好きで選んできたことは、少々苦労を伴っても自分で決めたからと乗り越えることができる。学生時代のクラブ活動のようなものかもしれないが、やってみたいことを選びたいと思っている。そして、人生がより長くなっているなかでは生涯現役という気持ちで、ひとつだけに決めるのではなく様々

な形で社会にかかわっていきたい。「あれもこれものチャレンジ」は、人との出会にも繋がり、そこにはさらなるケミストリー（化学反応）が生まれると思っている。

　私自身がこれからも旅を続けていくように、皆さんが、無駄な経験は何もないという気持ちで一歩踏み出し、人との出会いが新たな気づきをもたらしてくれることに価値を見出し、それぞれの道を歩いていかれることを応援している。

●参考文献

https://www.ana.co.jp/
ANA ホールディングス株式会社アニュアルレポート 2016

（河本宏子）

第5章

サイボウズのキャリア・マネジメント

ワークスタイル変革の視点から

第1節 サイボウズのキャリア・マネジメント

1 復活できるキャリア設計

　サイボウズの創業は1997年。それまで一部の大企業でしか使われなかったグループウェアというコンピュータ上での共同作業の支援ツールを大衆化するため、創業メンバー3人が愛媛県松山市で立ち上げた会社だ。以来、グループウェア一筋で成長を続け、社員も500人を超えて（2016年12月末現在の連結従業員数）東証一部にも上場を果たした。

　成長途上では、例に漏れず「ブラック企業」さながらの状況のときもあったが、現在ではマスコミでもよく「ホワイト企業」と称される働きやすい会社になった。

　サイボウズは今まで一度も「女性に優しい」会社をめざしたことはないが、筆者には頻繁に女性活用セミナーの講演依頼が来る。

　サイボウズにおけるキャリア・マネジメントは、女性活躍とかではなく、「100人いれば100通りの働き方」を自分で選んでくださいという、いわば社員の選択制だ。社員のキャリアを決めるのは社員自身であり、自分でマネジメントできるような仕組みにしたら、働きたい会社ランキングの上位に登場して、応募者がたくさん来るようになった。

　給料ではなく、職種や製品よりも「キャリア・マネジメントが自分でできる」会社であることが評価されているようだ。

　年功序列ではないが、成果主義でもない、多様性を認めて毎年のように主

役が交代するのがサイボウズのマネジメント。つまり私たちがめざしたのは「復活できるキャリア」であり、「子育て」も「再学習」も「介護」さえもキャリアの１ステップで成長につながると考えている。

日本人の平均年収はここ20年で100万円近く下がってきた。それに対して子供の教育費は上がり続けている。平均値を取れば労働者の平均年齢は43歳（厚生労働省「平成28年賃金構造基本統計調査」）、年収は420万円（国税庁「平成28年分民間給与実態統計調査結果」）。当然に子供を育てようと思えばフルタイマーで共働きすることは前提となる。なので、女性が結婚相手に求める条件というものが、昔と今とでは変わってきているといわれる。

30年前は「高身長」「高収入」「高学歴」の「三高」だったが、今は「4低」だそうだ。「4低」とは「低姿勢」「低依存」「低リスク」「低燃費」のことで、つまりは柔らかい物腰で、家事・育児を人任せにせず、身の丈にあった職業選択をして、無駄遣いしない男性ということになる。背の高いエリートビジネスマンが24時間世界を飛び回って大きな仕事をするというのとはかなり違う。最も大きく違うのは「低依存」であろう。「亭主元気で留守がいい」ではなく、「一緒に家事・育児をやってくれる人」つまり共働きで家事も平等が今の理想なのだ。

若い人たちの意識がなぜ変わってしまったのか。一番の原因は人口ピラミッドの逆転である。

高度成長期はまさしく人口ピラミッドと呼ぶにふさわしい年齢構成であった。この状態であれば長い経験と見識をもつ管理職ポストは不足し、頑張れば管理職になれた。なので、年功序列型で長く頑張った人が出世し、給与が上がっていく。その長時間労働を妻が家庭で支え、子供の成長とともに収入も増えていく生活モデルが、ある意味合理的だった。

しかし、少子高齢化が進み、失われた20年を経てすっかり環境は変わってしまった。人口構成からいえば、今は40代の6割程度しか20代がいない。少ないポストをめぐって、40代が長時間労働競争をすることになるが、もちろん報われる人は少数となる。

つまり年功序列制度は、今の環境においてはメリットよりもデメリットの

ほうが多くなってしまった。

　そもそも働いても出世できる（管理職になれる）ポストが少ない。それでも結婚や出産で妻が退職してしまったため、生活がかかっているビジネスマンは残業をして収入を得ようとする。しかし、長時間同じ環境で働き続けることで、変化に対応できなくなったり、モチベーションの上がらない社員が大量に発生している。結果、企業収益は悪化し、給料は上がらない。さらにそれを見た若手のモチベーションも下がっていく。

　一方、家計を助けようと、子供が小学校に上がる頃から妻も働こうとするが、正社員として入り込む枠になく、夫の数分の1以下の収入しか得られない。

　この我慢大会のゴールは何であろうか。そこに希望があまりないことを若い世代は見抜いている。だから、生涯フルタイマーで対等に働いて家事・育児も一緒に行うパートナーを求める。

　そして、そういう働き方ができる会社に人気が集まっているのではないかと思う。

2　選択できる働き方を支える制度とツール

　「働き方が自分で選べる」とは具体的にどういうことだろう。

　まず前提として、勤務可能な時間と与えられる仕事の重要度はあまり関係がないという前提がある。

　勤務時間が減ると、降格するような印象があると、人はなかなか自分で勤務時間を減らす選択ができない。実際には時間を減らすという選択をするだけなのに、なぜか社会競争や一定の地位から降りるイメージにとらわれてしまうからだ。

　1日12時間働いていたマネージャーが、何らかの都合で1日6時間しか働けなくなったら、従来の感覚では「重責を全うできないので職位を辞します」となるのが普通かもしれない。

　しかし、サイボウズの場合は、執行役員でもある本部長が子育てのために短時間勤務をしたり、社長がやはり育児のために毎日4時に帰宅する「育児

休暇」を取ったりしている。もちろんその間、社長業が他の人に変わったり、本部長職を辞任したりすることはない。短時間勤務だからといって、その人間のスキルが低くなるわけではないからだ。

　もっとも、あまりに短時間だと職務を全うできない業務もないわけではない。しかし、24時間営業の店で店長が24時間現場に立ったら過労死するので、当然にいない時間帯は12時間以上ある。バイトばかりのコンビニでできて、ホワイトカラーばかりのサイボウズでできないわけがない。

　サイボウズでの働き方の選択は、最初 PS と DS という 2 つの勤務制度の選択から始まった。PS、DS という単語を見てピンときた方がいるかもしれないが、想像通りゲーム機の名称が名前の由来である。PS がワーク重視の人のための制度、DS がライフ重視で残業しないなどの選択をしている人向けの制度である。なぜこの名称かといえば、働き方や時間は優劣ではなく選択であるという思いを込めている。PS と DS の 2 種類のゲーム機は、CPUの性能などは全く違っているが、高級品と普及品というわけではなく、使うシーンが違う。ゲーム機のように生活スタイルに合わせて働き方を選択してほしいという会社の意志の表れである。

　現在は、時間に加えて働く場所の概念も加わり、9 象限のマトリックスからの選択となっている（図表 5-1）。右上が、従来の「会社の指定場所」で「会社の指定時間働く」、反対に左下は、「社員が選択した場所」で「自分の都合のいい時間に働く」だ。その他の象限だと例えば、「会社の指定場所」で「残業をしないで 1 日 8 時間働く」などがある。例えば、母親が一時的に家族の介護が必要な状態になってしまった場合、地方の実家で 1 日 5 時間だけ在宅勤務するという働き方を選択できる。

　ただし、こういう働き方の選択ができるのは、時間と場所を選ばずに仕事を進められる IT ツールが整っていることが前提である。

　サイボウズにおいては、仕事に関する情報はすべてグループウェアの上にあり、世界中どこからでも他人のスケジュールを調整したり、電子会議に参加できたり、様々な申請や決裁を行うことができるし、顧客情報や商談記録、サポートの電話記録などもそれぞれの権限の範囲内で検索すればすぐにみる

図表 5-1　9 象限のマトリックス

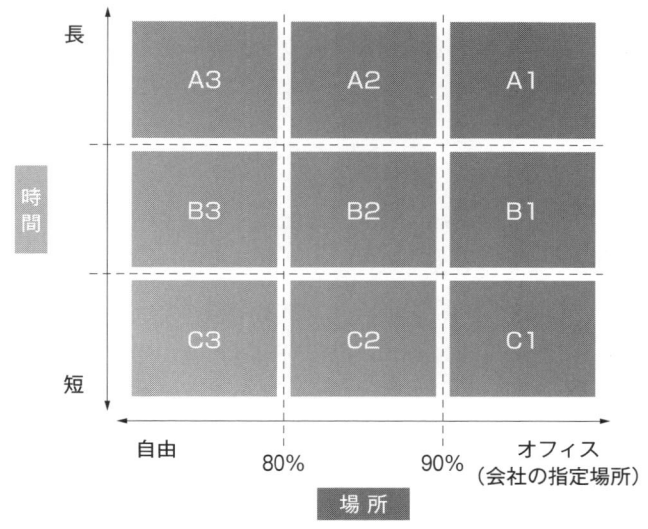

出所：サイボウズ株式会社。

ことができる。直接話すことがどうしても必要な場合や、会議などはテレビ会議でどこからでも参加できるし、今相手が話せる状態かどうかはプレゼンス情報を見ればわかるようになっている。したがって、離れた実家にいたとしても、往訪以外のほとんどの業務はこなせる。

　ワークスタイルを自由に選べる制度を導入しようとすると、制度だけを変えても機能しない。時間と場所を超えるコミュニケーションやワークスペースのツールを導入することも必要である。

3　突発的に働き方を融通できるウルトラワーク

　住民票を取る必要があって 30 分だけ市役所に行きたい、エアコンの修理の立ち会いがあるから 1 時間だけ家にいなくてはいけないなど、短時間であっても首都圏では半日休暇を取らないと対応できないことがある。これら突発的な自体に柔軟に対応できる制度をウルトラワークと呼んでいる。

　毎月の勤務時間のおおよそ 1 割程度は、会社の指定場所や指定時間で働く

制度を選択している社員でも、働き方を融通することができる。

　エアコン工事の立会ならウルトラワークを選択すれば通勤時間分で十分にカバーできるし、アイディアを練る際にカフェを移動しながら仕事する、という選択をすることも可能だ。

4　育児休暇、介護休暇、育自分休暇

　育児休暇は子供1人あたり6年まで可能だ。6年間という長さは、「子供が小学校に上がるまでは必要ではないか？」から決まった。

　では、介護休暇は？という話になり、対象と期間を決めるときには「育児と同じでいいよね」となり、やはり介護対象1人あたり6年間になった。

　6年間は長いといわれるが、今までの最長の実績は5年間、現実としては都内の保育園事情から1年間で戻ってくる社員がほとんどである。

　休業中も権限を制限された状態で会社とはオンラインでつながっているため、会社から完全に心が離れるわけではない。よく質問されるのが、「そんなに長い間取得して業務に支障が出ないのか？」なのだが、1カ月でも1年でも3年でも業務シフト上は課題は同じであるし、オンラインで会社と繋がっている状態があれば復帰も早い。

　また、子供の面倒をみる、親の面倒をみる、と同様に「自分の面倒をみる休暇も」ということで、「育自分休暇制度」というものもできた。35歳未満の社員であれば、いったん退職後6年以内であれば復職できるという制度だ。他社に転職して違う経験をするもよし、NPOなどで社会貢献するもよし、勉強や留学などをしてみるもよし。企業側からすれば、外部研修や勉強会など社外の風に触れてもらうためにいろいろな苦労をしているが、6年間は戻ってもOKとするだけで、社員が勝手に（しかも費用は向こう持ちで）得難い社会勉強をしてきてくれる。年功序列でがんじがらめの環境ではなかなか退職後に元の会社に戻ってくるという発想に至らないが、「6年間は戻ってきてもいいよ」と公式に伝えるだけで、会社と外との壁が随分と薄くなる。

　これらの勤務制度と休業制度の選択肢によって、サイボウズでは最大28％まで上がった離職率が、現在は4％を切るところまで下がっている（図

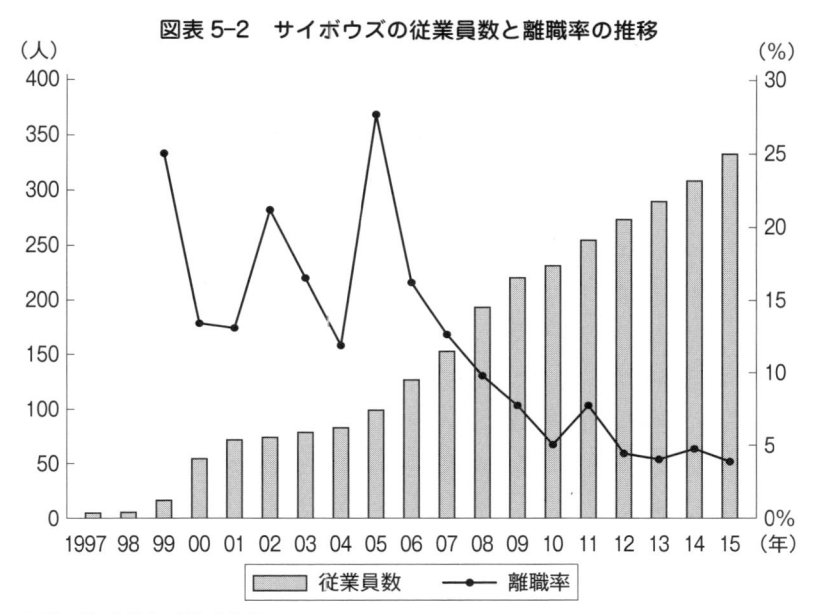

図表 5-2　サイボウズの従業員数と離職率の推移

出所：サイボウズ株式会社。

表5-2)。また、育児休業に関しては復職率100 ％である。また女性社員の比率も4割を超えてきた。

　会社が好きとか嫌いとかではなく、今までいかに働き方が柔軟でないがために、多くの人がキャリアの継続をあきらめざるを得なかったかということがわかる。

5　会社のイベントは出させられるものではなく、作るもの

　あなたは、1泊2日の温泉への社員旅行に行きたいだろうか？　もちろん行きたい人もいるだろう。だが、今はもう多くの会社では行きたくない人のほうが多いのではないだろうか。そして、もしその費用の半分を自分も負担しなければいけないとなったら、さらに参加者は減るだろう。

　しかし、考え方を変えて「全部の部門から少なくとも1人以上が参加して、5人以上で旅行すれば半額を支給する」としてみたらどうだろう？　社員旅行の目的は部門を超えた社員同士のコミュニケーションの活性化という側面

が多いので、これでも目的は達成できるはずだ。

　そして旅行会社に企画を丸投げするより、半額は自分で出すならはるかに節約するはずだ。もちろん総務部門の手間はほとんどなくなる。寂しいのは権威でマネジメントするタイプの上司だけということになる。

　サイボウズのイベント支援の多くはこういった仕組みを活用している。ほとんどのイベントは公募であること、3つ以上の本部から5人以上が参加することと、後で社内のブログに開催レポートを載せたら補助が出る。

　例えば、仕事に絡むテーマを決めて社内でお酒を飲みながら語り合う「仕事BAR」。新橋のガード下で大声で上司の悪口や機密情報を叫ばれるよりはずっと安全で建設的だ。ほかに誕生月のメンバー同士が祝い合う「誕生会」、仕事とは関係なく、社員が集まってレクリエーションなどのイベントを行う「イベン10」、趣味のコミュニティである「部活動」（ちなみにニンテンドーDS部やジェルネイル部まである）まで、社員同士のコミュニケーションが企画されれば、支援金が出る。

　全社員が一同に温泉の宴会場に浴衣姿で並ぶ姿を懐かしむ向きには申し訳ないが、個人の時代のコミュニケーション施策は押し付けでは効果が出ない。費用が節約できて、社員のモチベーションや自主性は高まるので、会社としての狙いは達成できるのだ。このように、画一的で会社があらかじめ決めたものを社員が受け入れるというやり方は、サイボウズにはあまりない。

　工場労働者が中心で、文字通り歯車として効率的に作業する時代ならともかく、大卒ホワイトカラーがほとんどで、生産量より付加価値で勝負する時代なのだから、キャリアデザインも休暇や余暇のあり方も変わって当然と考える。

　それでは、どうしてこういう制度を作るにいたったのか、マネジメントをするうえでどこを重要視しているのかを次節で紹介していこう。

第2節　個人のキャリアを尊重する組織：自立と多様性と公明正大

1　「マネジメント＝管理」という時代は終わった

　残業が多いとか、終身雇用、年功序列といった働き方は日本の特徴ではあるけれども、ずっと昔からそうだったわけではない。戦前はむしろ今の欧米に近い雇用形態や働き方だったと聞くし、家風呂が普及する以前は銭湯の空いている時間に家に帰らないと風呂にも入れないということになる。

　つまり残業も終身雇用も年功序列も高度成長期以降の話であって、一部の職業を除けば、せいぜいここ 50 年間のことだ。

　高度成長期は、人口が急激に増えて、とにかく物を作れば売れる時代であったので、企業はどんどん若い人を雇った。雇用すれば教育が必要で、管理職の絶対数が不足するので、マニュアルと規則を増やしてそれを守らせるのが管理職の仕事ということになる。

　昨今、「うちの会社の社員には個性とか多様性がなくてね」と嘆く管理職が多いが、上記の事情により金太郎飴を量産したのが日本の大企業なのだから、入ってくる社員の気質が原因であるわけではない。

　しかし、時代は変わって今や「人口ピラミッド」が死語になるほど、若い人は少ない。2015 年の時点で、50 歳の人口が 170 万人に対して 20 歳は 120 万人、0 歳児と 1 歳児はそれぞれ 100 万人を切っている（平成 27 年国勢調査結果）。そして、大量生産モデルは、賃金が安く若い労働力が大量に確保できるアジアの国々に移ってしまい、他国に比べて作業効率を上げることで収益を上げるという、かつてのビジネスモデルはとっくに通用しなくなっている。

　今、企業が収益を上げるには、他と違う独自の製品やサービスを開発し、それを人と違う独自のマーケティングで売ることが求められている。

　したがって、これからの時代のマネジメントは、いかにして個性ある人の自由な発想を伸ばしながら、チームワークを維持し、収益につなげていくかという高度なスキルが要求されるようになっている。今までとは真逆である。

2　自立と多様性

　サイボウズの働き方で重要なキーワードは、「自立」と「多様性」である。例えば「明日は何時に出社すればいいか？」と聞かれれば、「自分で決めてください」と返ってくる。

　ITを活用できるようになったので、いつどこでも仕事ができるし、時間帯が違った者同士でもグループウェアなどでコミュニケーションや引き継ぎができるので、同じ時間に同じ場所に集まるという必要性が激減した。

　そうなると、付加価値を上げる仕事をしてもらおうと思えば、社員にできるだけ自由に自発的に働いてほしい。そこで、「100人いたら100通りの働き方」を人事戦略のビジョンに掲げ、働き方も自分で選ぶという方式にしている。これも「自立」の一例である。

　しかし、7時に来るマネージャーが10時に来る人に「遅いよ」と文句をいうと、自由な働き方はできなくなる。7時に来て5時に帰るのも、9時に来て7時に帰るのも働いている時間は変わらないし、もし9時に来て5時に帰ってもその分の給料が低ければ労働生産性は同じである。

　7時出社を選択した人も10時出社を選択した人も、お互いに働き方を認め合って、どうやったらお互いの自由を認めながらチームとして生産性を上げていけるのかを考えるのが、マネージャーの役割ということになる。

　また、サイボウズには役職手当というものが存在しない。またスペシャリストとして高いスキルをもつ社員は、マネージャーより給与が高いこともしばしば起きる。マネージャーもマネジメントスキルによって果たすべき「役割」のひとつだからだ。

　そもそもマネージャーは「偉い」のか。例えば、高校の野球部のマネージャーだったらどうだろうか？　少なくとも「偉い上司」ではないだろう。しかし、野球部のマネージャーの役割は、甲子園という共通の目標に向かっていくために、メンバーの周辺環境を整えて、おだてながら尻を叩くという感じであるが、「甲子園」を「売上」に変えれば企業の営業のマネージャーもほとんど同じである。

　それでは、命令と統制ではなく、何を持ってチームワークを維持し、収益

を上げていくかといえば、そこが「自立」と「多様性」であり、個々人の得意なスキルを活かして、お互いに認め合いながら共通の目標を達成するという考え方だ。

3　公明正大であることは大前提

　しかしながら、このやり方は管理面や作業の効率化という観点でみると、かなりコストは高い。

　出社時間もバラバラ、在宅勤務でも避暑地での仕事でも OK となると、家で仕事しているときにそもそも仕事しているかどうかもわからない。また、今日は企画がメインなのでカフェで仕事してきますといっても、本当にカフェで仕事しているのかどうかもわからない。それを無理やり「管理」しようとして、監視システムとか、超細かいチェックシートを作るなどをしていると、どんどん経費がかかり非効率になっていく。

　大企業で不正会計が発覚したり、不祥事の隠蔽が起こったりするが、なかで働くビジネスマンは元々は優秀で、おそらくはいい人が多いはずだ。しかし、長年の習慣のなかで 10 円をごまかしたのが 100 円になり 100 万円になり 1 億円になり、次第に感覚が麻痺していったり、おかしいと思っていてもそれを聞くことがなんとなく憚られるうちに、事態がどんどん大きくなったりしていくのだと思う。

　そして内部でおかしいと思う人がいても、年功序列で上司が変わらない環境では、自分の将来を案じておかしいと指摘することができなくなる。結果、監視システムであるはずの会計帳簿を莫大なコストを掛けてごまかす作業をしたり、チェックシートを大量に燃やしてしまったりする。

　しかし、会社でデスクに向かっているからといって仕事していると思うのもまた幻想だったりするので、実は働く時間と場所の問題ではないと思う。結局はお互いを信頼する前提を作ることが、最もコストを落として楽しく仕事する方法なのではなかろうか。

　サイボウズの場合、社員に求めているのは「自立」であって、自立している個人が働いていることを監視する必要もない。

　お互いを信頼するために何が必要かといえば、嘘をつかないで、ちゃんと伝えるべきことを伝える努力を怠らないことだ。それをサイボウズでは「公明正大」「質問責任と説明責任」と呼んでいる。「公明正大」はどんな小さな嘘もつかないでお互いに正直に伝え合うことだ。

　遅刻したときに、本当は寝坊したのに「電車が遅れて（だから僕は悪くない）」と違う理由を述べるよりは、「寝坊しました、すみません」と謝るほうが誠実だ。飛行機を使うときも、割引運賃で乗ったのに、正規運賃で請求するとそれは嘘つきなので絶対にやってはいけない。自分の財布ではない会社の経費だと、現実感が薄いのかどうも使い方が違ってくる場合があるが、こういうことの積み重ねで不正が起こっていくのではないかと思う。

　なので、ただしく実費計算をするのが一番で、会社としては実費計算がしやすいようにITで支援する。

　だが、世の中「公明正大」を貫くのは、なかなか面倒な一面もある。

　「仕事にかかった経費はすべてきちんと精算しましょう」というと、客先のアポイントの合間に2時間空き時間ができた。会社に戻ると電車代もかかるし戻るだけで30分以上かかるので、近くのカフェで仕事をしたがカフェ代は仕事の経費だから会社に請求するべきですよね、といった事案が出てくる。サイボウズではそれはOKである。ちゃんとカフェ代も出る。

　このように「公明正大」であろうと思えば、きちんと議論することや、相談することが大切になってくる。「おかしいな？」と思ってそのままにしておくのは、後々不信感や不正につながりやすいからだ。なので、社長も含め全社員には「質問責任」と「説明責任」が厳しく課せられる。

　上記の例でいえば、「カフェ代がかかったけど、経費で落ちそうにもないし、まあ自腹で払っておくか」というより、「カフェ代がかかったんですが、会社を往復するより安上がりで、効率的に仕事ができますから、経費として請求するべきですよね」と質問するのが、あるべき姿ということになる。

　こういう話をすると「マックカフェは100円だけど、スタバは300円かかるし、それも今日のコーヒーではなくて、アップルクランブルフラペチーノにショットとホイップ追加したら払ってくれるのか？」と疑問に思う人もい

るだろう。こういうことはもちろん議論になる。議論はたいていグループウェアの掲示板などで行われる。そのほうがいつでもどこでも議論に参加できるし全社員がその議論をみることができるからだ。

　全社員がリアルに一堂に集まって、「仕事中のカフェでコーヒー代はどこまで許されるか」を議論するとものすごい経費になるが、オンライン上なら大した経費でもない。説明責任と質問責任のコストは、IT の有無でかなり違ってくるのだ。

　このように会社内では、社員の提案などによって日々新しい制度や仕組みができていく。もちろん本業の収益に直結する製品の改良もだ。冒頭に書いた各種の勤務制度も 2017 年 5 月時点のもので、おそらくは 1 年後に見たらどこか変わっているだろう。

　「強い者、頭のよい者が生き残るのではない。変化するものが生き残るのだ」というのは進化論のダーウィンの言葉であるが、何が正しいかが日々変わるというのは、経営としてはあるべき姿ではある。しかし、そのなかでチームとして一体感をもって方向性を変えていくのはもちろん難しい。だからこその議論であり、オンラインを中心とした説明と質問のコミュニケーションにはかなりのコストをかけている。過程を共有し、全員が議論に参加できることは、社歴の浅い社員や育児休暇などでブランクのある社員にも、大いに役立つことはいうまでもない。

　人も組織も変わるのは難しい、しかし変化しないと生き残れないのであれば変わるしかない。組織が変わるための一番の方法は議論だと思う。議論は相手の行動を変えるために行うものであると同時に、自分が変わる覚悟も必要である。正直に質問と説明を繰り返すことで、自分も会社も成長できるものだと思う。

第3節　個人がいきいきと働く仕組み：パラレルキャリアのすすめ

1　副業はなぜ禁止なのか？

　国と同じように多くの日本企業では、社員の年齢構成がピラミッドとはと

ても呼べない形になってきている。

　サイボウズができたのが1997年で、筆者が入社した2000年でも社員は30人程度、その後離職率の高い時代も経ているので、まだ年齢構成はピラミッドに近いが、中途採用も多いのでやがては円柱形になっていくだろう。円柱形ならまだしも、高度成長期に大量採用した後に業績が下がった大企業では、もはや逆ピラミッドだ。

　これによる様々な弊害は前節まででも述べてきているところではあるが、残っている労働慣習のひとつに「副業禁止」規定がある。多くの大企業では今でも副業を禁止しているが、これもピラミッド時代の残滓だ。

　もともと副業禁止規定は、大企業が第2次産業主体であった時代、睡眠不足や精神不安定がそのまま事故につながっていたうえに、集団就職などで若年者が多かった職場で一括教育を行うために必要だったからではないかと思う。

　しかし、今や副業（複業）の定義も曖昧だ。例えば、昔からある「兼業農家」は全員副業禁止規定のない会社に勤めていたかといえば、たぶんそうではないだろう。現在では株の投資やブログでのアフィリエイト、ネットオークションなども含めれば、副業の経験がないほうがむしろ少数派ということになる。

　真面目にコツコツ働くことが必ずしも昇給には結びつかない時代、人脈や幅広い経験、どの会社でも通用するパーマネントスキルが重要といわれ、企業においても戦略の変更や組織変更が短いスパンで繰り返される時代に、副業を禁止する意味がどこにあるのだろうか？

2　副業禁止でリストラする大企業はおかしくないか？

　大企業に入れば一生が保証されるという時代ではない。もちろんサイボウズのようなベンチャーはなおさらだ。だから、社員の一生を保証するなどできるとは思っていない。

　副業禁止で自社でしか使えないスキルをみっちり教育して、そのときの都合で枯れた製品の事業部へ配属し、そこで何年も過ごした挙句に、会社の業

績が悪くなったからといってリストラ部屋に送るなど、考えようによっては
人権侵害ではないかとさえ思う。

　もちろん一生を保証できればそれに越したことはないのだが、無理である
なら、いつでも他社で今まで以上の待遇で雇ってもらえる社員を育成するほ
うがいいのではないか。そして、どこでも通用するスキルと人脈を作る最良
の手段は、社員教育よりむしろ副業推奨ではないかと思う。

　副業することによる企業側のデメリットは前述した通りだが、メリットは
それをはるかに上回るものがある。

・副業で収入があれば、年功序列賃金を無理に維持する必要がなくなる

・副業が軌道に乗って退職すれば、人口ピラミッドの形が回復する

・副業先で広げた人脈が本業でも活かせる例が多い

・自社にはないノウハウを取得してくれる

・万が一、希望退職を募る事態になったとしても、自分で転職先を見つけ
　てくれる可能性が高い

特に中高年において副業を禁止する意味はほとんどないといってもいい。

　企業 30 年説というが、実は事業 30 年説、つまりひとつのビジネスモデル
の寿命がおおよそ 30 年という意味だ。キャリアの観点でいえば、ひとつの
ビジネススキルも 30 年説ということになる。20 歳で社会へ出て、50 歳で管
理職定年、その後 10 年間は人脈で仕事をして 60 歳で退職、とはもうならな
い。70 歳まで働く、年功序列も終身雇用も保証できない、となれば企業に
とっても働く人にとっても副業は、やるほうが当たり前くらいでいいのでは
ないか。

3　「副業」から「複業」への成功のコツ

　サラリーマンのサイドビジネスという意味では「副業」だが、キャリア・
マネジメントの観点から複数の職を同時にもつという意味では、「複業」と
いうほうがふさわしいだろう。

　それでは、複業を考えた場合、どのような複業を行うのが理想なのだろう
か？　一言でいうと「好きなこと」をすべきだと思う。反対に、できれば避

けたい複業は「お金のためだけにやる」複業だ。

　効率から考えると、2つの職を持つよりも、ひとつの会社で10割働いたほうがいいはずだ。コミュニケーションや納税などの事務手続きなどを考えれば、複業は効率がよくない。そもそも働きすぎで残業時間が多く、過労死が問題になっている状況で、自らブラックな環境を作り出すのはおかしい。

　筆者の場合は、20代の頃8年間テレビのカメラマン兼ディレクターとしてキャリアを積んでいた経験もあって、現在はカメラマンとしての複業を行っているが、しかしこれは好きでなかったらたぶん続かないと思う。何より40代から、体力が衰えてくる。徹夜なんてもってのほかだし、集中力も夜になると落ちてくる。若いときは自分の能力の不足やミスのリカバリーを長時間働くことでカバーできていたが、それがもうできない。

　つまり付加価値で戦うしかないのだ。付加価値を出すのは難しい。自分にしかないスキルやセンスを身に着けないといけない。

　仕事と思ってやるとスキルもセンスも現役のプロには追いつかない。もともと好きだということもあったから楽しいし、のめり込む。そうこうするうちに以前よりもっと高いレベルの仕事ができるようになり、自分の技術を確認するために投稿サイトやSNSなどに作品を上げているうちに仕事が来るようになった。

　とはいえ、お金を稼ぐまでにかかった時間は実のところ、結構すごい。本業の時間と合わせると総合的には過剰労働だ。しかし、趣味の延長なので楽しいし、スキルを上げようと寝食を忘れるくらいのめり込むときもある。だからこそ、並のセンスしか持っていない私でも仕事ができているのだと思う。

　趣味と仕事の境界線は、お金を稼ぐか稼がないかだと思うが、作業と仕事の境界線は、成長するかしないかだと思う。作業にしてしまったら、そこで成長は止まる。

　何かの方法論を忠実に実行するとお金になる系の仕事というのが世の中にはあって、それでお小遣いを稼いでいる人も多いとは思う。しかし、そのやり方ではいっときは儲かっても、長くは続かない。年齢を増すごとに体力は落ち、思考は凝り固まるので、流行にだけ乗っかってお金を稼ぎ続けること

は難しくなる。

　本来、仕事は「やりたいこと」「世の中のニーズ」「できること」の重なったところにしかないので、複業は「やりたいこと」と「できること」が完全に一致して、「世の中のニーズ」に合わせて行うべきだと思う。

4　自立を促すパラレルキャリア

　複業というとどうしても「お金」に目が行きがちになるが、「パラレルキャリア」と捉えたほうがいい。

　「自立する」というとどうしても、「孤独でも大丈夫、周りに頼らなくてもどんな状況でも生きていける」と思いがちであるが、人は社会というチームのなかで生きているからこそ人であるので、「自立は依存先が複数ある状態」と思ったほうがいい。なので、複業している人のほうが収入源が分散しているだけに自立しているということになる。

　副業・複業 OK のサイボウズでは、多くのメンバーがパラレルに働いている。いや、増えていっているといってもいい。申告が不要なので正確な数はわからないが、収入という他に NPO などでの活動も含めれば、何割という単位で職を掛け持ちしている。

　パラレルワークの方法も多種多様だ。IT 業界ではよくある個人での開発受託から、スキルを活かした講師業やコンサルタント、ライター、マーケティングスペシャリスト。カレー屋なんていう変わり種もいる。

　雇用形態も様々だ。サイボウズに勤めながら、個人事業主としてというタイプの他に、週に1日は違う会社へ出勤する者や、兼業農家、最近は他社へ勤める人がサイボウズで副業をする「副業採用」を始めたおかげで、週に1日や2日間サイボウズで働く人も出てきた。

　副業が増えると企業としてのリソースが減ると心配する企業も多いと聞くが、他の会社の副業を受け入れれば差し引きゼロである。多種多様なスキルと人が溢れて常に形を変えながら成長していけるのが、本来の企業の姿ではないかと思うほどだ。

　これだけ多くなると、何となく特徴みたいなものがみえてくる。パラレル

で働いている人の多くがSNSでの発信が多い。そして、人脈が豊富で社外のイベントへの参加率が比較的高いように思う。副業を始めた途端にブログを書き始める人もいる。

　先日、育自分休暇制度を使ってボツワナで女性自立支援に取り組んでいた女性が、青年海外協力隊での3年間の任期を終えて、サイボウズに復帰した。彼女の場合は、もともとボランティアで地方創生などにかかわっていたが、中途半端感も拭えず、やりたかったことを一度思い切りやってみようということでボツワナに行ったわけだが、ボツワナ赴任と業務でいわれたら普通に断るのが大半ではないだろうか。

　全く違う文化、コミュニケーション、言葉さえ通じない環境で仕事をする機会は、普通に会社勤めしていてもなかなか与えられないし、いやいや行ったところで成果が出るわけでもない。

　サイボウズだけから給料をもらっていれば、サイボウズのなかにだけ関心があったものが、職を掛け持ちすることで、社会全体のチームの一員となる。結果として社内や社外をそれほど意識しなくなるのだろう。

　これは働く人だけではなく、企業にとってもいいことである。社員の人脈が増えれば、会社の人脈が増えることと同義であるし、社員が情報を発信すれば、それは会社全体の情報発信力が増すことになる。

　「自立」と「多様性」で成長するということをいい出した当時、サイボウズで複業をしている社員はそう多くなかったが、今となっては複業あっての「自立」と「多様性」の実現ではないかという気もする。

第4節　未来のキャリア・マネジメント
：時間・場所・組織までも超える時代へ

1　オフィスって必要ですか？

　最後に、サイボウズのという話ではなく、キャリア・マネジメントの観点から将来の働き方を考えてみよう。

　ようやく働き方の多様性が社会的に認知されつつある。最近はサイボウズのような企業での働き方が理想形のひとつといわれるようになって、日本を

代表する企業や官公庁の見学が相次ぐ。しかし、実際にはサイボウズの働き方の多様性はまだまだ発展途上で、毎年のように制度も変わり、組織も変わる。

　サイボウズは今の日本橋のオフィスに2015年7月に移転したが、新しいオフィスにするにあたって様々な議論があった。最も極端な例では、そもそもいつでもどこでも仕事をしていいという会社であれば、オフィスは不要なのではないか、その分給料に反映させればいいというものだ。

　そして、世の中には実際にそういう会社も出てきている。

　私たちの結論としては、「事務作業やプログラミングは家でもできるが、対面で話すのは会社でしかできない」ことから、羽田からも成田からも電車1本で来られて、東京駅から徒歩15分で地下鉄の駅直結という今の場所に決まった。「作業の場」ではなく「人と会う場所」という定義だ。

　いろいろな考え方もあるし、業種によっても違うのだが、執務スペースとしてのオフィスというのは、仕事をするうえで必須のものではなくなってきている。

2　会社って必要ですか？

　そしてクラウドを活用した働き方の多様化には、もっと大きな可能性があるはずだ。なぜならクラウドを活用することでマッチングの範囲が爆発的に拡大するからだ。

　コンビニエンスストア1店舗内であれば、シフトの組み換えをやるのは容易ではない。好きな仕事だけというわけにもいかず、店舗内のあらゆる仕事をする必要がある。

　しかし、市内のコンビニ全部で統一の労務管理と仕事マニュアルが整備されていれば、シフトの組み換えは容易だ。トイレ掃除だけをする職種があってもいいだろう（やりたいかはともかく）。

　店舗では場所の制限がかかるが、場所の制限も取り払うとUBERやAirbnbなどに代表されるシェアリングエコノミーの世界になる。

　UBER（2017年の時点では経営的にはもめているが）はいわばタクシーを代替す

るソリューションで、タクシーを利用する側にとっての便利さを強調した記事をよくみかけるし、タクシー運転手にとっては仕事を奪われる懸念が示されているが、実のところ働き方という観点からこそ革新的なソリューションだといえるだろう。

スマートフォンに簡単な登録をすれば、ボタンを押したそのときから仕事が始まり、再びボタンを押したらいつでも仕事をやめることができる。もちろんいつでもどこでもだ。そして、利用に関しての評価は蓄積され、タクシー会社の評判ではなく運転手の評判でリピーターが増えていく。サービスの質が高い運転手は、仕事を奪われるどころか仕事が増えていく仕組みだ。

運転ではなくクリエーティブな仕事がメインのクラウドソーシングでは問題点も色々出ているが、時代とともに問題も解決されていくだろう。

仕事の分配の方法とマッチングの精度が上がっていけば、複雑な仕事でも自分の好きな時間に、力を発揮できそうなタスクだけで収入を得ることが可能になっていくかもしれないし、自分の家の周りのいろいろな仕事だけをするという選択肢も生まれそうだ。

これまでは売上の計算やお金のやり取りまで自分で行うのは非効率で、労務管理も人手がかかっていたので、会社という組織は必要だった。しかし、UBERのような仕組みがあれば、給与計算も料金収受もシステムが自動でやってくれる。

少なくとも労務管理や勤怠管理、会計という観点からの会社組織の必要性は、今後次第になくなっていくだろう。ブロックチェーンの技術が発達すれば、システムを維持する組織もいらなくなっていく。

3　これからのキャリア・マネジメント

しかし、一人では仕事はできない。ビルを建てたり、飛行機を運行させたり、大きな仕組みを動かすにはチームが必要だ。

そもそも人は社会的生活を育むからこそ人であって、家族をはじめ、いくつもの組織に属している。かつてはキャリアを伸ばすうえでは「家庭」と「ただひとつの職場」だけ考えればよかったのだが、社会状況や自分自身の

成長という観点では、もっと多くのチームにかかわることが大切な時代になってきた。

サイボウズの理念は「チームワークあふれる社会を創る」ことであり、チームを支援するクラウドサービスを提供しているが、チーム＝会社ではない。

実際、クラウドサービスの普及に伴い、会社ではない、NPO などの団体、PTA、コンソーシアムや勉強会仲間などでも導入されることが多くなったし、地域医療やまちづくりなど、多くの会社や組織が共同で進めるプロジェクトでの利用も増えている。

自分らしく働くということは、他人にも自分らしく働くことを認めることに始まる。100 人いたら 100 通りの働き方は、自分以外の 99 通りをお互いに尊重することで初めて成立するし、お互いが幸せになるという共通の前提がないとチームワークが成り立たない。そして自分の生き方もまた時間とともに変わっていく。バリバリ働きたかった新人時代、子育て期にはちょっとスローダウンしたい、いろいろな経験をして視野が広がったら、今度は社会課題の解決に取り組んでみたい、海外で学んでみたい、そういう人生の変化が面白いし、そういうときにフレキシブルに働き方を変えられる社会は素晴らしいと思う。

もちろんそのためには義務も伴う。自分でキャリアを作ることは学ぶ機会を自分で作り出さなくてはいけないということだ。どこの会社に入るかではなく、社会にどうかかわっていきたいのかという意志を示し、そのための努力をしなければならない。

サイボウズの働き方はそういう意味では決して甘くない。しかし、自分らしさをつかもうと努力するなら、自分で自分のキャリアをマネジメントできる素晴らしい環境ではないかと思っている。

※本章におけるサイボウズに関する記述は、2017 年 6 月現在においてのものである。人事評価制度や勤務体系、および数値は毎年変わっているので、最新の情報を知りたい場合は、サイボウズ社のホームページを参照のこと。
https://cybozu.co.jp/company/work-style/

●**資料**

厚生労働省「平成 28 年賃金構造基本統計調査」.

国税庁「平成 28 年分民間給与実態統計調査結果」.

  https://www.nta.go.jp/kohyo/press/press/2016/minkan/

総務省統計局「平成 27 年国勢調査結果」.

（野水克也）

第6章

ギャップジャパンのキャリア・マネジメント

バウンダリレス・キャリアの視点から

第1節 **ギャップジャパンの企業理念と企業風土**

1 企業理念と創業者の想い

1）会社設立と事業内容

　本社である Gap Inc. は 1969 年に Donald G. Fisher（ドナルド・フィッシャー）によって設立された。自分の身体に合うサイズのジーンズをみつけられないことにがっかりした彼は、誰でも簡単にサイズをみつけられるジーンズ専門店を作りたいと、妻のドリスとともに 1969 年、カリフォルニア州サンフランシスコに第 1 号店をオープンした。

　現在（2017 年 7 月）は、直営店舗 3200 店以上をグローバルで展開し、社員数約 13 万人、世界最大級のファッションアパレル企業としての地位を確立している。ギャップジャパンの会社概要は図表 6-1 の通りである。

　ブランドとしては、Gap、Banana Republic、Old Navy、Athleta、INTERMIX、などがあり、それぞれ異なる顧客層をターゲットにした多角的な展開を行っている。日本に上陸したのは 1995 年。銀座に第 1 号店をオープンし、2017 年 4 月 1 日現在、日本国内で約 200 店舗を運営している。現在日本では Gap、Banana Republic の 2 つのブランドを展開している。それぞれのブランドにはオンライン事業部とアウトレットというチャネルをもっている。Gap Inc. は、素材調達、企画・開発、製造、物流、販売、在庫管理、店舗企画などすべての工程を管理しており、いわゆる製造から小売までを統合した垂直統合度の高い SPA（Specialty store retailer of Private label

図表 6-1　ギャップジャパンの会社概要

事業内容	衣料小売（ブランド：Gap、Banana Republic、Old Navy、Athleta、INTERMIX）
本社所在地	東京都渋谷区千駄ヶ谷 5-32-10　　　http://gap.co.jp/
設立年数	1994 年（Gap Inc. は 1969 年）
売上高	155 億 1600 万 US ドル（Gap Inc. 2016 年度）
社員数	全社員数は約 6000 人（正社員は 860 人、フルタイム契約社員が約 1200 人、パートタイマーが約 4000 人）Gap Inc. 全体で約 13 万 3000 人
店舗数	日本は直営 172 店。世界各国に約 3650 店（直営店：約 3200 店舗をアメリカ、イギリス、カナダ、中国、フランス、アイルランド、日本、イタリアで運営。フランチャイズ：約 450 店舗を、アジア、オーストラリア、東欧、ラテンアメリカ、中東、アフリカで展開。2017 年 7 月 1 日現在）

Apparel）業態によって顧客に付加価値の高い商品を提供している。

2）社 員 構 成

　ギャップジャパン（以下、当社）の社員数は約 6000 人である。雇用形態別の内訳をみると、正社員、フルタイム契約社員、パートタイマー社員から構成される。パートタイマーは、週 20 時間未満の就業時間で、主として主婦や学生、フリーターによって占められている。一方、フルタイマーおよびスーパーバイザーは週 40 時間の就業時間で働く有期契約社員であり、正規社員をめざしている人材も少なくない。

　本社部門と店舗部門（以下、フィールドと呼ぶ）という区分別にみると、本社部門は 250 人、フィールド部門は 5750 人の構成になっている。本社部門は、外資系企業での経験を重視する中途採用を主体とした採用、一方、フィールド部門の正社員は、新卒・中途採用に加え、非正規社員の内部登用制度を設けている。正規・非正規の採用ともに外部人材を積極的に活用しつつも、同時に内部労働市場からの道（正社員への道を含むキャリアアップ）を設け、外部労働市場と内部労働市場双方における採用手法を組み合わせて優秀な人材の確保に努めている。

3）創業者の想い：Do More than Selling Clothes（洋服を売る以上のこと をする）

　行動指針のひとつである「正しいことを行う」にも表れているが、社会で「賞賛される企業」をめざす当社が大切にしているもうひとつの理念を紹介する。「自分たちが生活を営み、ビジネスを行うコミュニティ（地域社会）に変化を起こし、コミュニティに役立つことをする」という創立者の考えのもと、1977年、本社機能とは別に財団が設立された。当社は創業して間もない時期から、CSR（社会貢献）活動に取り組んでいる。企業内のCSR活動に焦点を当て、このように独立した組織として運営している企業はまだ少ない。ギャップ財団は、「Be What's Possible（可能性を実現させよう）」というスローガンを掲げ、先進国の若者の就業・キャリア支援と発展途上国の女性の自立支援の2つを柱にしてグローバルに活動を行っており、これまでの寄付金総額は約80億円以上にも上る。長年にわたって行ってきたCSR活動は、財務的な支援にとどまらず、地域社会に適した持続的な活動に社員が参加できるよう工夫を行っている。日本においても、創業者と財団の理念にそって様々な活動が展開されており、そのなかには、非正規社員を含む全社員の積極的な参加を奨励するいくつかのプログラムがある。なかでも「ファウンダーズ・アワード」は、地域社会のために熱心に活動している上長や同僚、または部下を推薦する（自薦も可）制度である。そこで選ばれた社員には財団から1万ドルの助成金が支給される。そしてその助成金を、自分が支援しているNPO団体に寄付をすることができる。これは、ボランティア活動に従事している社員の貢献を会社がさらに支援することで、より大きな変化をもたらすことを目的としている。また、会社が国を超えて社員のためのボランティア活動を企画し（旅費・滞在費・給与などは会社負担）応募者を募る「コミュニティ協力隊」というプログラムもある。いずれも、応募条件においては雇用形態による区別はなく、非正規社員であっても応募することが可能である。実際、「コミュニティ協力隊」には、2007年に制度が設立されて以来、日本において10人以上が選出されたが、そのほとんどが非正規のパートタイマー社員である。「こういった活動を積極的に会社が推進し、社員の誰もが公

平に参加できるから、この会社で働いているのです」という声が、選出され
たパートタイマー社員のみならず、社員意識調査の非正規社員からのコメン
トとしても挙がっている。

2　成長を支える風土と組織文化

　日本市場に参入以来、当社がアメリカのみならず日本においても成功を収
め、成長・拡大できている要因のひとつとして、その特有の文化が挙げられ
る。独自の文化に魅せられ、共感できる人材を集めるために、当社はそれに
基づいた人事施策や制度を展開するなど、組織に文化を根付かせるために、
日本に参入以来様々な工夫を行ってきた。当社の文化は、Wear Your
Passion（情熱を身にまとう）というその理念に要約されている。この理念の骨
格となる指針は、まずカスタマーを考える（Think customers first）、クリエイ
ティビティーを喚起する（Inspire creativity）、正しいことを行う（Do what's
right）、結果を出す（Deliver results）となっており、日本の社員のみならず、
ギャップグローバルの全社員が日々の業務のなかで大切にしている行動指針
である。

　この Wear Your Passion（情熱を身にまとう）には、常に顧客を最優先し、
現状に満足せず改善を図る姿勢、既存の殻を破り、枠組みを超える革新的な
アイディアやアプローチを、個人およびチームで模索し試みるという意味合
いがこめられている。また、優れた結果を出すことに情熱を注ぎながらも、
「誠実で正しい方法」でその結果が導かれたのかを自問することを、社員は
日々職場において推奨されている。

　前述したように、人事はこの文化が組織の細部まで浸透するような工夫を
行っている。例えば、上記の4つの行動指針を体現し、優れた成果を達成し
た社員をレコグニション（褒める）する制度が、そのひとつとして挙げられる。
アプローズカードと呼ばれるカードに、社員が実践した優れた行動を感謝の
気持ちとともに書き込み、上長と社員本人に渡すという仕組みとなっている。
それをチーム・メンバーの前で発表し、とくに優れた業績を収めた場合は、
該当する社員は全社会議などで経営陣によって表彰される。本社でも店舗で

も、上長から部下、部下から上長、そして雇用形態や所属部門にかかわらず全社員が自由に、職場でこのカードを活用し、お互いに褒め合い、感謝の気持ちを伝える。この「褒める」という行動が、Wear Your Passion という特有の文化を体現化し、組織に浸透させるための秘訣である。

3　経営戦略としてのダイバーシティ

　昨今、日本でもダイバーシティ経営を導入する企業が増えてきている。ダイバーシティの推進は、企業にとっても有能な社員の採用や離職回避などメリットがあるとされている。ただ日本ではダイバーシティというと、国籍、性別、人種など目にみえる表層的な属性の話に偏りがちである。とくに「女性や外国人などを積極的に登用することで組織の活性化や企業価値の向上を図る」という意味で使われていることが多い。さらに、ダイバーシティを高める施策は実施されているが、インクルージョンのための施策に取り組んでいる企業はまだ少ないといわれている。だがダイバーシティとは、そういった外見でわかる属性に限定されるものではない。

　年齢や人種はもちろん、一人ひとりが異なる性格やバックグラウンド、考え方を持ち、それぞれにその人らしい価値観や生き方がある。日本での最大の問題は、多くの会社は現在でも、全員が同じであることを強みとし、職場において「違い」を排除しようとする点ではないだろうか。その点、そういった目にみえない「違い」を認める深層のダイバーシティを進める外資系企業の取り組みは、日本企業よりも先行している。

　当社ではダイバーシティ（多様性）とは、必ずしも「異なる」グループについていっているのではなく、一人ひとりがユニークである（違い）と定義している。そしてインクルージョンとは多様化した人材が組織内で個々の違いを受け入れ、それを尊重すると認識している。異なる考え、異なる仕事のスタイル、異なるアイディアを尊重することで、知と知が組み合わされ、創造性や革新性が生まれる。ダイバーシティ経営とは多様な人材を受け入れ、それぞれの個が保有する能力を最大化し、経営成果として結実できるようマネジメントすることである。企業の競争優位性を維持することこそ、ダイバー

シティの本来の目的である。当社では、むしろ、「Uniqueness（人と違うこと）」に価値を置いている。多様な価値観や考えをもつ人材を受け入れ、尊重し、その能力を最大化する組織を実現することが持続的な成長に不可欠だと信じているからだ。このように、ダイバーシティを重要な経営戦略として位置付けている点が他の会社と私たちの「ダイバーシティ」を差別化する特徴であるといえる。

　一方で、様々な人材が集まっても、お互いを許容する土壌がなければ優れたアイディアは生まれない。お互いを認め合う環境を実現するために、懸念や質問を自由にあげられる安心・安全な風土を醸成できるよう、経営陣と人事が積極的に働きかけている。社員一人ひとりのダイバーシティに関する理解を広げていくために、ワークセッションや研修会、コミュニティ活動に参加するなどの意識啓発にも合わせて日々取り組んでいる。

第2節　称賛される企業になるための人的資源戦略とマネジメント

1　エンゲージメントを高める人的資源戦略

　どのような雇用形態であろうが、「自分の仕事への責任と誇りをもち、組織目標の達成と自身の成長に情熱を持って取り組む人材になるよう育成する。そして成果をあげた人にはそれに報いる処遇を行う。」というのが当社の人材に関する基本的な考えである。とりわけ、社員の「エンゲージメント」を重視した人的資源戦略がその基盤となっている（図表6-2）。当社ではエンゲージメントを「社員一人ひとりが組織の目標に自ら貢献したいと思う強い気持ち」であり、「この気持ちが高まると個々の成果が向上し、組織としても高い業績を達成できる」と定義付けている。

　社員の「エンゲージメント」を高めるために、当社は、①惹きつける（優秀な人材を採用する）、②育成する、③リワード（成果に対し報いる）の3つの柱に分けて、施策を講じている。③リワード（成果に対し報いる）は、さらに（1）報酬（給与やボーナス）、（2）ベネフィット（福利厚生）、（3）職場環境、（4）キャリア開発の4分野に分かれており、人的資源戦略に基づき、バランスを重

図表 6-2　エンゲージメントを高める人的資源戦略

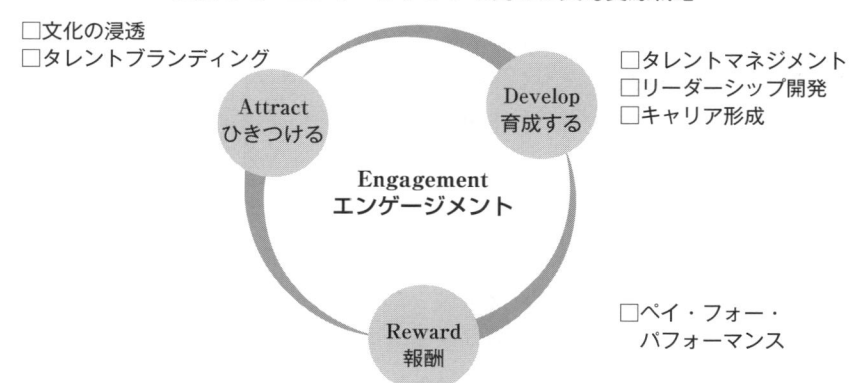

□文化の浸透
□タレントブランディング

□タレントマネジメント
□リーダーシップ開発
□キャリア形成

□ペイ・フォー・
　パフォーマンス

**エンゲージメントとは、組織の貢献に自ら貢献しようとする努力や
企業で働き続けようとする意思を指します**

出所：ギャップジャパン人事部作成。

図表 6-3　包括的な Gap Inc. の報酬戦略

Rewards@Gap Inc.

報酬	ベネフィット
●基本給、インセンティブ ●LTI プログラム ●エクシードアワード ●マーケットに対して競争力があり、各ポジションの職責に応じた報酬制度	●各種休暇（有給・特別休暇・育児・介護など） ●社会保障制度（社会保険・団体保険など） ●EAP・メンタルケア ●確定拠出年金制度 ●従業員割引制度 ●サマーアワーズや在宅勤務

職場環境	キャリア開発
●ビジネスアップデートミーティング ●CSR（企業の社会的責任） ●レコグニション・プログラム ●社員意識調査（EOS） ●コミュニケーション	●社内研修・能力開発の機会 ●キャリアアップ制度 ●プロフェッショナルとしての成長

報酬制度は企業のビジョンや経営戦略、そして人材戦略につながっています

出所：ギャップジャパン人事部作成。

視した包括的な制度設計を行っている（図表6-3）。

　報酬に関しては市場での競争力を維持するために、正社員・非正規社員ともに競争力のある給与レンジを設定・運用している。さらに毎年外部給与調査に参加して市場比較を行い、市場における自社の水準・競争力をモニタリングしている。職場環境については、パートタイマーを含む全社員に対し、社員意識調査を行い、結果を分析して、短期・中長期的な人事施策に反映させている。キャリアについては、個々のプロフェッショナルとしての成長を支援するための育成プログラムを提供したり、非正規社員から正社員への登用制度を整備したり、個人のキャリアが実現できるような人事制度を提供している。一方で、ベネフィット（福利厚生）は、社会保険、確定拠出年金、EAP（エンプロイー・アシスタンス・プログラム）、各種休暇制度などが中心となっており、社宅や保養所などを完備しているような日本企業と比較した場合に、同等の水準までプログラムが整備されているわけではない。福利厚生については「社員の自立」を重視して制度設計を行っており、妊娠・育児・介護・傷病などのライフ・イベントを迎えた際に就業意欲の高い社員が仕事を中断せずに継続して働き続けられるためのサポートプランの充足に注力している。

2　多様な人材マネジメント

　前述したように、当社でのダイバーシティの本質的な目的とは、「多様な異なる人材のもつ能力を最大化する戦略」であり、目まぐるしく変わるビジネスの環境変化に迅速に対応し、ビジネスの成果に結実させることである。ダイバーシティ経営を浸透させ、一人ひとりが自分らしく働ける環境を整備するためには、経営陣や人事の旗振りが重要である。ただそれだけではなかなか進まない。やはり多様な人材がその能力を最大に発揮できるような仕組みや風土を醸成することが不可欠である。私たちの人材マネジメントの基本は以下の通りである。

　・性別、国籍、雇用形態、そのほかの属性にかかわらず、すべての社員に対して、ペイ・フォー・パフォーマンス（成果に基づく報酬）の実現を図

っている。

・スキルと能力を高めて将来的には正社員として活躍したいというキャリア意識が高い非正規社員に対して、集中的な教育訓練および能力開発の機会を提供する。

・成果に対する強い意欲と向上心をもった非正規社員には、明確なキャリアパスを示してチャレンジできる機会を提供する。

・社員意識調査、CSR 活動の取り組みを始め、職場環境の観点においては雇用形態による区別は行わない。「社員のエンゲージメント」向上施策を継続的に提供している

　当社には企業理念である「正しいことを行う "Do what's right"」、そして責任をもって公正倫理的に業務を推進するという原理原則に基づき作られたビジネス行動規範がある。最高水準の日々の仕事を維持するために、すべての社員がこの規範を日常の業務に適用する責任を負っている。行動規範では以下のように明確に宣言している。

　「ゼロ・ミーンズ・ゼロ：差別、ハラスメント、報復の禁止。私たちは差別、ハラスメント、報復のいずれも一切容認しません。雇用に関するすべての決定は人種、肌の色、年齢、性別、性別認識、性的志向、宗教、未婚既婚、妊娠の有無、出身国、国籍、精神的または身体的な障害、軍事経験、その他、法律の禁じるいかなる要因に関係なくくだされなければなりません。この規定は、Gap Inc. の役員、社員、入社希望者、カスタマーおよびビジネスパートナー（契約社員、ベンダー、サプライヤーなどを含む）のすべてに適用されます。」

　このポリシーの違反がみられた場合は第三者による速やかに調査が行われ、違反した社員がみつかった場合は解雇を含む処分の対象となる。申し立てを行った個人が制裁をうけることは一切なく、報告された懸念については何らかの措置が講じられたことが伝えられる。こういったポリシーをもっていても実際には機能していない会社もあると聞いているが、当社に関してはすべての懸念を人事が主導してきちんと調査し解決を試みている。当社がダイバーシティ＆インクルージョンにおいて一定の成果をあげられているのはこの規範の存在によるとことが大きい。

　当社では「Uniqueness（人と違うこと）」に価値を置き、意欲のある優秀な人材を登用するため、数値目標をもたずとも、必然的にLGBTや女性、外国籍の社員など様々な社員が、チームの一員としての個性を発揮しながら働いている。例えば日本法人であるギャップジャパンでは、日本国内に約200店舗を構え、男女の社員比率は本社と店舗を合わせ女性が50％を超え、日本においても40％以上の女性（グローバルでは約70％）がリーダー的役割（本社ではマネージャー以上、店舗部門では店長以上）を担っている。

　また、ギャップジャパンの約8割の社員は非正規社員である。日本の流通飲食企業では、パートタイマーなど非正規社員と正社員が同じ仕事内容で処遇が異なる、ないしは非正規から正社員への登用のキャリアパスがないという点がしばしば問題になっている。一方、当社では成果主義、職務制度を導入しているため職務内容、期待値と処遇が明確に分かれている。後述するように、正社員登用制度も成果をあげている。正社員だけが優秀であり処遇やキャリアパスが優遇されているという考えはない。正規、非正規にかかわらず、すべての人が重要なキーメンバーであり、能力と意欲があれば公平な機会を与えていくのが私たちの基本的な考え方であり、ダイバーシティを進めるときに非正規社員をどう戦力化していくのかという問いは避けては通れない。

　障がい者の雇用率については、法定基準を上回る2.5〜2.8％で推移している。本社と店舗で積極的に採用しているが、とくに店舗においては、店長が地域の支援団体やハローワークなどと協力して熱心に採用を進めているため、自治体から優良企業として表彰されることも多い。客観的なデータを記録しているわけではないが、LGBTについても社内でオープンにしている社員は少なくない。経営陣にはLGBTであることを社内で公表しているだけでなく、積極的に社外活動を行っているメンバーもたくさんいる。日本ではまだまだLGBTに対する認知が低いため、そういったリーダーと人事がNPOの活動を支援し、社員がコミュニティ活動に参加できるような働きかけをしている。日本におけるLGBTの最大級のイベントにどこよりも早く公式スポンサーに名乗りをあげるなど、会社が精力的に取り組むことで「オープンにするこ

と」に対する障壁を取り除く努力を行っている。女性や障がい者、LGBT などの雇用や活躍が進んでいる背景には、見た目にわかる属性だけでなく、長年にわたり、一人ひとりの個性を重視したダイバーシティ＆インクルージョンを推し進めてきたからだといえる。具体的にどのような制度が講じられているのか、次項で詳しく説明する。

3 「あなたがあなたらしく」：多様性を促進する柔軟な働き方

　当社は「You Do You：あなたがあなたらしく」という言葉を大切にしている。個人が輝けるような環境を提供するために個々の能力が生かされる組織を構築し、多様な人材に多様に活躍してもらうために、その理念を実現する制度や仕組みが不可欠である。ダイバーシティを推進するために下記のようなポリシーと制度を整備している。

- ・ゼロ・ミーンズ・ゼロポリシー（職場における偏見やハラスメントはいかなるものであっても一切禁止する方針）
- ・柔軟なキャリアパスと再雇用制度
- ・就労時間ではなくパフォーマンスに焦点をおいた新しい評価制度
- ・一人ひとりが自分の働く時間と場所を主体的に決められる柔軟な制度
- ・サマーアワーズ（夏季期間中の金曜日は毎週午前中でオフィスをクローズ）
- ・多様なキャリアの併存：定年制度廃止、雇用区分の柔軟な異動、正社員登用制度（非正規→正規）、専門性の転換（公募制度）、再雇用は可能

　ここでは、とくに働き方に焦点を置いて説明する。2008 年に本社と店舗部門の店長以上に対して柔軟性の高い勤務制度を導入した。それまでは１日 8 時間、週 40 時間という勤務体系であったが、新制度のもとでは、対象となる社員は自身の働く時間を主体的に決定する裁量と柔軟性をもつ。個人の働き方の柔軟性を可能な限り高め、時間ではなく成果で評価することが目的である。コアタイムは設けておらず、対象社員は個人で働く時間と場所を主体的に選択することができる。自宅で働いたり、カフェや公園で働いたり、必ずしもオフィスに出社する必要がない。また就業時間は１日何時間であっても構わない。ただし、大前提として会社が期待する成果を上長と部下は合

意し、個人は合意した内容以上の成果を発揮する責任を負う。さらに同年、サマーアワーズというプログラムを導入した。7月から9月の夏季中は毎週金曜日、午前中で勤務を終了することができる。この制度は派遣社員、契約社員を含むすべての従業員が対象となる。社員は毎週金曜日の午後の時間を使って、自己啓発、趣味、コミュニティ活動など自身のプライベートを充実させている。様々な人事施策のなかでもこのプログラムは社員から高い支持を得ており、現在約9割の社員が利用している。働き方改革が叫ばれる昨今、ギャップジャパンはすでに10年前にこのような先進的な施策を講じたことは特筆すべきだと考えている。そのほかにも、当社は定年制度を廃止しているため、会社のニーズと社員本人の意志があれば、社員は何歳まででも就業できる。また、自身のキャリアプランにそって、正規社員から非正規社員へ雇用区分を柔軟に移動することができる。いったん退職してもまた再入社することが可能な制度も設けている。

　人材が多様化すればするほど、人材マネジメントの観点からは人材を全体としてではなく、個としてみる必要性が高まる。会社は社員個人の価値観や生き方などを理解し、それらを満たすための工夫が求められる。現在展開されている施策は、社員がそれぞれの価値観やスタイルを反映させながら、成果の達成、多様なキャリアの実現、そして就業の継続をねらって設計されている。今後は個別のニーズを受け止めながらも、法律の改正や労働環境の変化などに対応しながら、制度の見直しを迅速に行っていく必要性がますます高まると考えている。

第3節　個人と組織の成長を加速させるキャリア開発

1　求められる人材と期待値の明確化

　当社は職務等級制度のもと、ジョブ・ディスクリプション（以下、職務記述書）により個々の業務を明確にすることを目的とし、社内にあるすべての職務に職務記述書を整備している。これは非正規社員が従事する職務についても同様である。職務内容と求められる能力やスキルなどの要件を明確に定義

することで、すべての職務を職務群に分類し、各職務レベルに応じた報酬水準を決定する。そしてその要件に合致した人材のみを採用・配置することを社内で明文化している。雇用形態や職務レベルが異なるにもかかわらず業務内容が同じであると、社員による不満が生じる可能性があるため、アメリカ式の職務制度を導入している。職務に適合する職務等級（グレード）、報酬水準の判断も人事が実行し、それを社内に公表している。その背景には、求める人材像を社員に明確に伝えてミスマッチを防ぐだけでなく、公平な採用・配置を行うことをねらいとしている。当社が求める人材は、まず学ぶ意欲が高く、自身の成長に真剣に向き合える。次に組織の使命と目標、そしてチーム目標の実現に熱意をもって取り組める人である。それらを満たしていれば、経験やスキルが多少不足していても採用するというのが基本方針である。雇用形態にかかわらず、異なる価値観をもつ個性的で優秀な人材が一緒に働くことで、創造的・革新的なアイディアや成果が促進されるという考えが、採用にも表れている。

　このような方法で採用を成功させるためには、会社の文化を体現できる人材かどうか、またその業務と役割を遂行する能力があるかどうかを見極める必要がある。通常、このような選考では、一般的に書類選考、面接（集団ないしは個人）、選考試験というプロセスだが、当社は面接を最も重視している。従来の候補者の印象や考え方をみる面接方法では、学歴や経歴、あるいは人物本位の採用に偏ってしまいがちになり、実際の仕事にどのような成果を発揮できるか直接観察するのは困難である。そこで、過去の行動特性から情報を引き出すコンピテンシー面接手法を取り入れた。面接者は、その職務に求められるコンピテンシー（繰り返し発揮される行動特性）に関連して、候補者の仮定状況に対して、意見を問うのではなく、過去に似たような状況においてとった具体的な行動例を引き出す質問をしていく。この面接の最大の特徴は、確認したコンピテンシーごとに、過去の経験のなかで繰り返しとった行動について質問するところにある。面接官は、そのときの状況、とそれに対しての行動、そしてその結果を引き出す。この手法は、もともと採用の質を高めるという目的のために導入されたが、現在では、能力開発、昇進、配置など

人材を見極めるための重要な手法として幅広く用いられている。

　契約社員である「セールス・アソシエート（販売スタッフ）」は店舗ごとに採用される。人事は採用戦略や方針を決め、実際の面接、採用可否などの判断を含めた採用活動は店長が自ら行う。非正規社員として働くことを選択する人材は多様であり、家庭の事情で限られた時間しか働けない人、自宅の近くだから働こうと思った人、就職活動が思うようにいかずとりあえず今は非正規社員として働いている人など、様々な事情を抱えていることが多い。したがって、採用面談時に店長は個々の就業ニーズを尋ねて、それをできる限り考慮する。個々の就業ニーズとキャリアの希望を聞き、店長は勤務シフトの調整、能力開発の支援を行う。

2　個人の成果と成長を重視する評価制度

　ギャップジャパンの評価制度の最大の特徴は、戦力となる非正規社員を対象に行っていることと、成果の向上と個人の成長に重点を置いた新しい評価制度 GPS（Grow/Perform/Succeed）の導入である。

　これまでみてきたように、当社ではそれぞれの職務が明確に分かれており、職務記述書が整備されている。それぞれの職務に応じて年度ごとに各人の目標が設定される。

　店舗で働く非正規社員は、重要な顧客に対して直接・間接的にサービスを提供する、いわば会社の顔である。そのため、店舗で働く正規社員だけでなく、彼らに対しても評価制度を整備することで、人材を確保して能力開発を行っている。これは、パートタイマーやアルバイトを、単純な労働を安価に提供する存在と位置付け、評価を行わない、あるいは行っても、社員のみに一律の賃上げを実施する企業との大きな相違点である。

　非正規社員の主な職責は、顧客にサービスを提供すること、あるいはそれに関連する業務である。その年間目標は達成する数値や量ではなく、成果を達成するプロセスや質を重視する。年間目標というよりも、むしろ1年を通して発揮することが期待される行動を明らかにしたものに近い。正社員の人事考課および報酬の決定と同様に、会計年度終了後の2月に行われる。

　店舗社員については、正規・非正規にかかわらず4段階の基準を用いて評価を行う。店長以外にもその他の正社員、同僚など複数の視点から多面的に評価の検討がなされた後に、報酬（非正規社員は時給）の改定が行われる。そして最終的に一人ひとりと個別面談を行い、そのなかで評価と具体的なフィードバックを提供する。その場は評価結果だけではなく、能力開発に対して助言を与え、将来的なキャリアの機会について話し合うこととしている。

　評価結果に基づいて報酬の増額が決定・反映されるのは4月である。評価ごとに昇給率のガイドラインが決められており、その範囲のなかで店長の裁量によって個人の昇給率が決定される。ガイドラインは正社員と同様に、経済動向や賃金相場などの動きと他社の傾向を考慮したうえで、人事が昇給原資を決め、それに従って作成される。店長はこのガイドライン、つまり店舗ごとの昇給予算のなかで各人の昇給案を決定する。その後、地区ごとにばらつきがないか全体のバランスをみながら最終調整を行うのは、部門長、地区統括マネージャー（ディストリクト・マネージャー。以下、DM）の役割である。

　優秀な人材を採用・定着させるために、非正規社員に対しても外部労働市場における時給水準を調査して時給のレンジを作成し、レンジで給与を決定する仕組み（ミッドポイント管理）を行っている。具体的には、グレード（等級）、地域性、そして採用困難性を考慮したうえで、3つの時給レンジが設定されている。店舗で非正規社員を採用あるいは昇進させる場合には、このレンジの内で、各人の経験や能力に応じて時給が決定されている。

　人事考課の結果、4段階評価で最低の評価がついた場合、その社員は業務に必要な要件を満たしていない、あるいは要求されている仕事の期待値を達成できていないということになる。したがってその場合は、上長が本人と問題解決のためのミーティングを直ちに設け、3〜6カ月以内で改善するための期間を設ける。しかしその間に成果も達成できず、改善しようとする意欲が本人にみられない場合には、最終手段として雇用契約が終了となることもある。これは退出マネジメント・プロセスと呼ばれるものであり、これも正社員と同様の手順で、人事の指示を仰ぎながら行われる。このプロセスをある社員に対して実施する場合には、上長が社員とともに目標設定を行い、達

成する結果について本人と期待値を擦り合わせておく必要がある。また、日々の仕事のなかで、上長から明確な期待値が社員に伝えられ、それを満たしていない場合は率直に社員に伝え、上長の支援のもと改善の機会が十分に与えられなくてはならない。すでに年間を通してフィードバックが行われ、自分の置かれている状況を十分に理解している場合には、途中で自発的に退職していく社員もいる。非正規社員に対して熱心に能力開発を行うことは、自らの意思で次のステップに速やかに移れることを可能にするという面で有効である。在籍している間に、会社が提供する能力開発を通して社員が専門知識を身に付け、自身の特性や能力を向上させれば、社外においての市場価値を高められる。社外へのキャリアアップを支援するためにも、当社が非正規社員に対して能力開発を行うことに意義がある。

　このように店舗勤務の社員については1年単位で、事業目標から部門目標、個人目標を設定している。年度末にはその結果に応じて4段階で人事考課をし、報酬を決定するという典型的な目標管理制度（MBO）を運用している。しかし、管理に手間と時間がかかりすぎていたため、実は社員からもリーダーからも評判はあまり芳しくなかった。加えて直近5年間で、脳科学の新たな研究が進み、人間のモチベーションや高いパフォーマンスを発揮する人の行動や意識についていろいろなことが明らかになった。例えば、評価面談、レーティング、強制的な配分曲線はモチベーションを下げること、昔ながらのパフォーマンス管理は、労働集約型の業務については生産性を高めるものの、創造性や革新性が求められる業務においてはそれを押しつぶすことなどが多くの研究者の調査により明らかになった。企画型業務に携わる人材については、従来のMBOはむしろネガティブに働く可能性があるという研究結果が続々と出てきた。一方でパフォーマンスに関して意義のある対話を上長と頻繁に行うことが、パフォーマンスの質を促進させるカギとなることがわかった。

　こういった背景から、本社部門においては2014年に新しいパフォーマンスマネジメント制度GPS（Grow/Perform/Succeed）の導入を決めた。新しい制度の最も大きな変更点としては、パフォーマンスマネジメントの「マネジ

メント」から「パフォーマンス」、つまり成果の向上と個人の成長そのものに重点をシフトしたことだ。次に、評価基準と年度末の評価（評価シートの作成と面談）を廃止した点である。成果そのものの質を向上させるために、現状に満足するのではなく常に上をめざし、それを超え続けるような指標となるものを上長と部下が合意する。年度末まで待つのではなく、月に1回必ず上長と部下の対話「質の高いタッチベース」の時間を取ってもらい、達成度合いについての確認を行うようにした。重要なことは、単なる業務報告で終わるのではなく、現在の時点で達成度合いをお互いに確認し、何に苦労しているのか、どう改善していくか、うまくいっている場合はさらにうまくいくためにはどうすればよいのか、そして上長や同僚からどのような支援が必要なのかといった率直な対話をもつことである。年に1回ではなく、1年を通してパフォーマンスについて意味のある対話を行ってもらう。その際に上長はコーチとして、部下のパフォーマンスを引き出すためのサポートに徹するという新しい期待値を設定した。そのために部下をもつ社員全員にコーチング研修を受講してもらった。

　報酬の決定方法も変更した。新制度では昇給原資を部門に渡し、そのなかでの配分は部門長が自由に決められるよう裁量をもたせた。ただし、報酬を決める際に、部下と対話をしてきた内容、伝えてきたメッセージと一貫性がなければならない。部下が、「この上長は自分のこと、成果のみならず達成するまでの過程をしっかり見て応援してくれている」と感じなければ、この制度は機能しない。上長は、部下を日々見守り続けること、そして、困難な目標にチャレンジするよう勇気付け、成功に導く役割を果たしている。上長は評価と報酬の最終決定者であると同時に優れた成果を引き出すコーチのような存在である。

　この制度を成功させるためには、オープンで風通しのよい職場であることが前提になる。上長がコーチの役割を果たしていない場合には、「コーチとして支援できていない」と部下が上長に率直にいえる、あるいは人事に相談できる環境をつくっておかなければうまくいかない。万が一そういうことがあったら、すぐに社員から声が上がるような仕組みになっている。実際に制

度導入後、上長が時間をとってくれない、意義のある対話になっていないなどの声が人事に上がったこともある。そのような場合には、直接上長と率直な話をするよう促し、それでも改善がみられない場合には人事がアドバイスを行うなど対応している。

　事業部門のリーダーたちが部下のパフォーマンスを最大化するよいコーチになるためには、人事自体がさらに優れたコーチでなくてはならない。人事は、制度や施策を策定し、それらの運用・管理に時間をかけるのではなく、ビジネスに付加価値をもたらす戦略的なパートナー、そしてビジネスリーダーの最良のコーチになる必要がある。人事は頻繁に現場に足を運び、事業部リーダーと、どの部門・チームの誰が卓越したパフォーマンスを発揮しているのか、能力開発プランを議論し、彼らにどのようなチャンスを与えるのか。あるいは伸び悩んでいる場合にはどうして苦戦しているのかといった対話を日々もっている。新制度の導入後、個の成果を最大化し、組織の成長につなげることが、より人事に求められている。

3　非正規社員の戦略的活用とキャリア形成支援

1）フィールド（店舗）部門における非正規社員の戦略化

　先にも述べたように、当社は全社員のうち非正規社員が80％を占めており、そのほとんどが、店舗で勤務をしているセールス・アソシエートと呼ばれる販売に特化した社員である。したがって、ここでは店舗部門の職務とキャリアパスの流れを中心にみてみる。図表6-4に表されているように、フィールドの場合、最初はパートタイムあるいはフルタイムのセールス・アソシエート（販売員）から始まる。その後、ビジュアル・スーパーバイザー、セールス・スーパーバイザーという専門的な職務となる。そして、正社員に登用されると、カスタマー・エクスペリエンスまたはサービス・リーダー（所属ブランドにより呼称が異なる）の販売専門職となり、アソシエート・マネージャー（副店長）、ストア・マネージャー（店長）、ゼネラルマネージャー（旗艦店の店長）を経て、DM（8～12人の店長および店舗の管理）へと昇っていく。DMは2017年4月現在21人いるが、大半がパートタイマー、つまり非正規社員

図表6-4　フィールド部門のキャリアパス

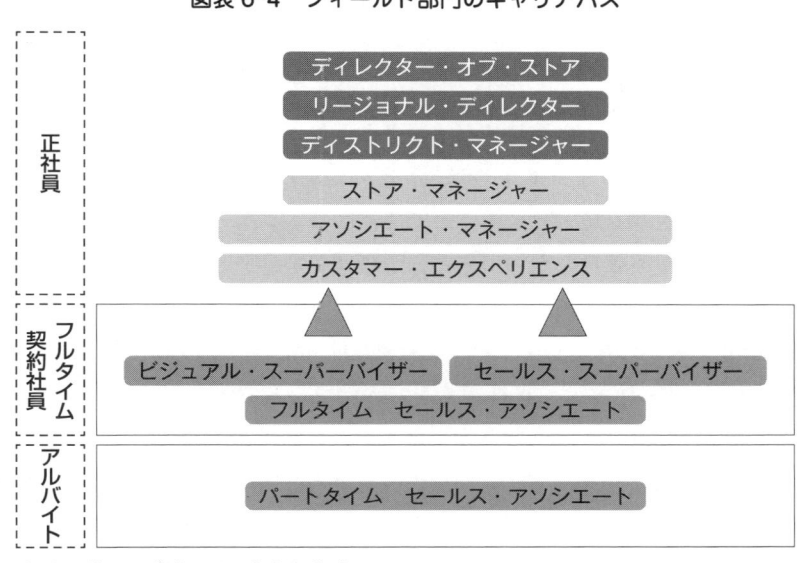

出所：ギャップジャパン人事部作成。

からキャリアをスタートしている。

　流通・小売業においては、一般的にパートタイマーや契約社員のキャリア
の最終地点は店長クラスであり、店舗部門のマネジメントは新卒あるいは中
途採用出身者など、キャリアパスが完全に分かれていることが多い。これに
は、非正規社員は学歴が低く、能力や資質がそもそも正社員より劣っている
という考え方が背景としてあるといえる。一般的に非正規社員の雇用は、人
件費抑制や雇用の調整弁として捉えられており、キャリア形成まで考えが及
ばないことが多く、キャリアアップ・教育訓練などの制度が整備されている
企業はそれほど多くない。あるいは制度はあっても十分に活用できていない
ことが多い。近年、法改正の影響などで、パートタイマーや契約社員の処遇
の見直しや無期正社員化など、活用に向けて正社員登用制度を中心とした施
策を導入している企業が増えてきているものの、なかなか実績にはつながっ
ていないようである。

　意欲があるポテンシャルの高い非正規社員をどのように位置付け、どのよ

うに彼らを処遇し活用していくかは、グローバル化が進むなか、競争力を維持するという観点から、非正規社員を抱える企業の重要な経営課題である。当社も、雇用形態にかかわらず、組織の成長を支えるための優秀な人材の確保と定着、そして彼らの戦略的な活用が不可欠であると考え、非正規社員を正規社員に登用する「キャリアデー」という制度を2007年度に正式に導入した。非正規社員を戦力化することで組織へのエンゲージメントを高める人事マネジメントへ転換したのである。この「キャリアデー」という制度の概要について次に説明する。

2) 非正規社員のキャリア形成：正社員登用制度「キャリアデー」

「キャリアデー」とは、正社員としての就業を希望する契約社員の能力開発およびアセスメント制度である。マネジメントにとっては、ポテンシャルがあって正社員になりたいという意欲の高い人材群のプールづくりの場でもある。参加者は1回につき70〜80名程度で、勤続2〜3年目、20代の非正規社員が大半を占める。本人が希望し（年度目標にキャリアデーへの参加を掲げている）、店長推薦を受けた非正規社員のみが参加できる。店長の職務記述書には、「後継者の発掘と育成」という項目がある。店長はキャリアデー参加をめざすスタッフの支援を行い、また育成が不十分なままその場に送り出すことがないよう、上長のDMと相談しながら推薦を行う。

キャリアデーの内容は、筆記試験、グループ討議、グループ面接、個人へのフィードバックから構成されている。筆記試験では、一般常識や社会人としての基礎能力を評価する。グループ討議では、5〜6人のグループに分かれ、いくつかのテーマについて話し合う。ここでは、他人の話をしっかり傾聴しているか、自身の考えを周囲に効果的に伝えられているか、チームで働くにあたって必要な能力を持ちあわせているかなどを評価する。グループ面接では、成功・失敗経験について具体的に話をしてもらい、正社員の職務に必要なコンピテンシーが効果的に発揮されていたか、あるいはポテンシャルがあるかどうか、その再現性を確認するコンピテンシー・アセスメント手法を用いている。

評価者は、DMと人事である。評価はコンピテンシーごとに、十分に期待

値を満たしている、幾分満たしているといった行動をアセスメントする。そして、その日のうちに評価者全員によって参加者の評価を決定し、参加者一人ひとりの能力における強みと開発すべき分野を確認する。評価点数ではなく、「正社員としてすぐに登用」、「半年くらいの能力開発が必要」、「1年くらいの能力開発が必要」のいずれかの「段階」に、参加者全員を位置付ける。組織内での採用・内部登用、昇進はビジネスのニーズにより、随時、空ポストが発生した時点で行われる。空ポストに対して、「即登用できる」レベルの人材からの希望と一致すれば、採用責任者との面接を経て登用される。キャリアデーに参加していないと空ポストの座を射止める資格が与えられない。参加者へのフィードバックは評価者が、本人と上長である店長に対して同時に行う。その際、評価結果は伝えず、本人の強みと開発すべき分野を明確にし、どの部分を高めていく必要があるのか、詳細のフィードバックを提供し、今後の能力開発の材料として活用する。

　正社員の空ポストについて補足すると、正社員の空ポストは組織の成長や店舗の拡大に伴って生じることがほとんどである。しかし組織成長の鈍化時期（店舗数が横ばい）、業績見通しが不透明のような時期においても、毎年数十人程度の正社員転換の実績がある。これは、退出マネジメントによる退職、当社で専門性を高めて他社へキャリアアップ転職、あるいは業績不振による降格などの理由から正社員における「一定の空席」が定期的に用意されているからである。つまり、当社は正社員から非正規社員へ、そして非正規社員から正社員への流動性がかなり高い組織であり、これが正社員の人数そのものを増加させることなく、毎年一定の水準で正社員登用に成功している最大の要因である。会社の観点からみると、優秀で即戦力となる人材の確保が可能であり、そして個人のキャリア形成の観点からみると非正規社員から離脱し、キャリア展開のチャンスを得られるという点において、両者にとって有益な施策である。2017年度までに、キャリアデーを経て2000人以上の非正規社員が正社員に登用されている。そして今後も毎年空ポストが予想されている。分析の結果、正社員までの平均就業年数は3.7年、平均年齢27歳、性別の割合は男性53％、女性43％であった。

　キャリアデーのメリットは２つある。まず、意欲が高くキャリアを希望する非正規社員が正社員にチャレンジ・昇進できるチャンスがあること、もうひとつは、直属の上長以外の評価者に客観的に評価してもらうことにより、自身の開発すべき領域がより明確になるという点である。参加者は、結果のいかんにかかわらず、何かしらを学び、さらに将来のキャリアゴールを達成するためのモチベーションを高めていくことができる。一人でも多くの非正規社員がキャリアデーに参加し、自身の能力開発に取り組むことを、上長を通じて日々現場で強く奨励している。

第４節　個に着目したタレント・マネジメント

1　タレント・マネジメントと個人のキャリア・マネジメント

　タレント・マネジメントという言葉が最近日本でも使われるようになってきたが、多くの場合、人材育成を指しているように思われる。しかし、本来は単なる人材育成とは意味合いが異なる。事業戦略を達成するために必要な人材の確保が最も重要な課題であり、その要件を満たした人材を社内外から確保し、育成し、戦略化するのがタレント・マネジメントの基本的な考え方である。

　当社では職務に求められる要件に適合する人材を社内外で採用、組織のなかで戦略的に活用することを指している。一人ひとりがキーになる人材であり、組織内で活躍してもらう仕組みを講じることは重要である。けれどもすべての社員に対して一律に同じ投資をするわけではない。全社員に対して機会を提供すると同時に、ビジネスの継続および組織の成長の観点から、将来の経営を担う優秀でポテンシャルを備えた人材については、会社として集中投資を行い、育成していくアプローチをとっている。優秀でポテンシャルを備えた人材を選出する手法としては、後述するタレントレビューというプロセスを用いて人材の見極めを行う。その際に注意しているのは、「これまで達成した結果」だけに着目するのではなく、成長するための高い意欲など、個人が保有する「潜在能力」を見極めることである。ゆえに人事が経営や現

場のリーダーを巻き込んで入念なアセスメントを実施している。効果的なタレント・マネジメントを行うためには、現場のリーダーと人事による人材情報の把握が何より重要である。人事は常に現場に出向きリーダーと人材に関する情報を収集しており、さらにこのような人材に関する情報はグローバルな社内データベースで共有されている。国やブランドを超えて人材配置や昇進を推進するためにこういった人材情報が活用されている。

　タレント・マネジメントと評価制度および個人のキャリア・マネジメントはどのように関連しているのか。前節で述べたように、当社の評価制度は単に報酬につなげるためのものではなく、個人の成長、つまり能力開発やキャリア・マネジメントに大きな重点を置く。明確かつチャレンジなゴールを社員に与え、成果とそれを達成するための個人がどのような行動をとったのか、上長と部下は、達成に向けたプロセスについて話し合いを定期的にもっている。上長は自分の観察と周囲から具体的なフィードバックを得て部下に伝える。どんな人材でも自らの成功や失敗から学ぶ機会を与えられれば、成長することができるとするグロース・マインドセットの基本理念に基づいて、パフォーマンスマネジメントが設計されているからだ。上長と部下が達成した成果を振り返る際、成長を加速させるための能力開発プランと今後のキャリアプランについて対話を行うことが求められる。その対話を通して、上長と部下はともに強みと改善領域を明らかにする。上司は、部下の強みを伸ばし課題（改善すべき機会）を強化するため、社内外の研修プログラムや必要なリソースを提供する責任を負う。仕事を通してどのように成長できるかについてヒントを与え、日々のコーチングを通じて部下の成長を支援するのは、上長の重要な役割である。

　当社のユニークなところは、社員の能力開発とキャリア・マネジメントについては、会社が49％そして社員は51％の責任を持つと明確に言い切っている点である。会社は自己実現を図りたいという意欲を支援し、キャリアの機会や仕事を通じて成長する機会を提供する責任を保有するが、自分自身の能力開発とキャリア・マネジメントについては、社員個人の責任でもある。社員はキャリアプランを考え、プロフェッショナルとして成長意欲を示して、

主体的にキャリアを選び取らなくてはならない。会社まかせにするのではなく、各人が主体的にリードする。その責任の度合いが大きいことを強調することで、社員の自立を促しているのである。自分のスキルと能力を磨き高めることで組織やチームに貢献し、組織内でキャリアを築きたいという意欲を会社が支援することが、成果とリンクしている。これが当社のこれまでの成長の源泉であるといえる。

2　後継者計画（サクセッション・プラン）とタレントレビュー

　タレント・マネジメントのなかでも経営と現場のリーダーが最も時間を割くのはサクセッション・プランである。サクセッション・プランとは「後継者発掘・育成計画」と呼ばれており、欧米の企業においてサクセッション・プランは事業計画と同様に重要な戦略である。もともと社長をはじめとする経営を担う重要なポジションが思いがけない事態により空席になった場合、会社経営に支障が出ないようにリスク回避の一環として、あらかじめ後継者を洗い出しておくという意味で使われていた。当社でもこれまではグローバルで統一されたプロセスにより、年に少なくとも２回人事主導でサクセッション・プランを実施していた。しかしながら、予測が難しい市場の経営環境に柔軟に対応できるよう、タレントレビューを含めた大きな文脈で捉え運用するニーズが出てきた。また経営をたちまち担う人材のみならず、中長期的な経営戦略を担う次世代の人材を包括的に棚卸することで、優秀な人材の離脱を回避し、次世代リーダーの育成計画と具体的な実行案について意義のある議論を行う必要があるのではないかという声があがったため、プロセスを大きく変更し、タレントレビューを通して、サクセッションを実施した。タレントレビューについては、「人材交流プロセス：Talent Exchange Program」という仕組みがある。その理念は、以下の通りである。

- ・優秀な人材を採用、配置、育成することが経営および現場のリーダーの最大の役割である
- ・人材は他社と差別化できる最大の強みであり、事業部門を超えて会社全体で育成していく必要がある

図表 6-5　The TEx 4Square：TEx の 4 ボックス

	マネージャーの責任	リーダーシップチームの責任
パフォーマンススタンダードと関連 ●すべての目標を達成している ●目標を達成するため懸命に努力する ●誠実に取り組んでいる	**STAY THE COURSE：**（コースにそのまま置く） ：確実な成果、役割を満たしており、現在のポジションでさらなる活躍が期待できる現状のまま定着・エンゲージを高める ●Agnes, LOW ●X ●X ●X　　　$	**FEED THEM MORE：**（もっと育成の強化を図る） ：育成に投資する。コーチ、メンタリング、ローテーション、戦略的プロジェクト、露出を高める ●Sondra, LOW ●X ●X　　　★
	UP OR OUT：（上か外部へ） ：成果を出していない、役割を増やせないあるいは意欲がない。成果を向上するプランか、退出させるプランを実行する ●Dan, LOW ●X ●X　　　✕	**FIGURE IT OUT：**（解明する） ：能力を発揮する可能性があるならば何が必要なのか、現在の役割をこなしていないことに対するアクションを考える。この役割は適任？ストレッチ業務が必要？外的な要因は？ ●Lisa, LOW ●X ●X

ポテンシャル：上位レベルの職務に意欲をもつ、また追加の責任レベルに対応できる。また十分な探究心、洞察力、エンゲージメント、胆力をもつ。
●新しい経験、知識、率直なフィードバックを求めて、習得や変化に対してオープンであるか？（*探究心*）
●新しい可能性をもたらす情報を集め理解し、活用できるか？（*洞察力*）
●感情や論理を巧みに用い説得力のある方法でビジョンを伝え、周囲とつながることができるか？（*エンゲージメント*）
●困難や障害にもめげずに難しいゴールをめざし、苦労から何かを手にする強さをもっているか？（*胆力*）

出所：ギャップジャパン人事部作成。

　組織内の人材の客観的なアセスメントにより、①経営者チームが育成責任を負う、②「現場のリーダーが育成や定着の責任を負う」というように役割を分けている（図表6-5）。

　現場のリーダーは、あらかじめ自身の人材をパフォーマンス（成果）とポ

テンシャル（潜在能力）の軸で分かれた4つのボックスにプロットし、タレントレビュー会議で発表できる準備を行う。会議では成果ではなく、潜在能力をさらに高めるために現場で取り組んでいる「具体的な育成プラン」と、他部門のリーダーの協力を得て進めるべき「実行プラン」に焦点を置く。とくに「育成強化層（Feed Them More）のボックスにプロットされた人材プールが、前節で説明した将来の経営を担う優秀層であり、この層に対して会社は集中投資を行う。優秀層は個別で管理を行うため、それぞれの人材に対して育成目標、キャリアプランを作成する。とりわけ重要なのは時間軸と到達点の設定、そこに到達するまでに何をやらせるかという具体的な実行プランである。現在の職責を拡大する、重要な新規事業をまかせる、国や部門を超えたプロジェクトをアサインするなど、具体的な計画について事業部リーダーを集めて真剣な議論を行う。事業部、つまり現場まかせにするのではなく、経営陣全員と人事部が実行責任者となり、プランを推進する。戦略的なタレント・マネジメントを成功させるためのカギは、経営トップのコミットである。最終的に、人材開発は人事ではなくトップと現場のリーダーしかできないという認識をもたせることが不可欠である。

3　自己イノベーションを促進する体験型リーダーシップ・プログラム

　ギャップジャパンには、本社の主導でグローバルに様々な人材育成プログラムが展開されている。コーチング、部下の指導、チームを率いる手法などいわゆるリーダーシップ開発型の内容と、財務、戦略策定、プロジェクトマネジメントなどを学べるファンクショナルと呼ばれる職務の専門領域を高めるものと、大きく2つの種類に分けられる。これらの人材開発プログラムは、コンピューターでいえばいわば「アプリケーション」のようなものである。かつてないほどのスピードで変化しているビジネス環境のなかでも一定の業績を発揮し、会社の成長を担う将来のリーダーを育てるためには、物事の考え方の基盤となる、アプリを起動させる「OS」をしっかり作らなくてはならないという問題意識があった。加えて日本のマーケットに参入して20年がたち、社員の勤続年数と平均年齢も上がっており、組織のなかで身につけ

たスキルや経験のみで今後のキャリアを発展させるのは限界があるのではないかという危機感もあった。会社が安定期に入り、取り巻く環境が日々めまぐるしく変わる新しい時代にさらなる成長をめざすためには、従来とは異なるアプローチを検討すべき段階に来ていたのである。

　もともと当社には「Do More than Selling Clothes」という創業者の想いが根付いており、ビジネスで得た利益を地域社会に還元することは私たちのDNA である。人材育成プログラムが社会に寄与する活動となれば、それは私たちの企業理念にも合致している。このような背景もあり、人材育成プログラムの一環として、NPO法人「二枚目の名刺」が展開する社会課題解決を目的とする「NPOサポートプロジェクト」に参加することを昨年決定した。参加にあたっての重要な3つのポイントを整理する。

　①同じメンバーで仕事をしていると、業務を進めやすい反面、新しい発想が生まれにくい。認知には限界があり、人は目の前の知を組み合わせるため既存の方法や概念に固執してしまう傾向がある。自分とは異なる価値観やバックグラウンドをもつ多様なメンバーと働くことで自分の視座を高め、今自分が持っている知と別の知を組み合わせることで、新たな知の結合が期待できる。

　②パートナーNPO は様々な社会課題にいち早く気づき、それを解決するビジョンを明確に掲げて使命感を燃やしている。一緒に活動するメンバーの熱い想いにふれることで、自分自身の価値観を再認識できる。また、他者からフィードバックをもらうことで自分と向かい合い、自己の成長につなげる。リーダーシップ開発において、自己認識を高めることは最も重要である。

　③サポートプロジェクトでは時間とリソースが制限されるため、あいまいな状況でも決断し物事を進めなくてはならない。会社で求められるリーダーシップ・コンピテンシーで、とくに重要な洞察力、好奇心、胆力について鍛えられる。

　実際には、1つのプロジェクトについて当社社員3人、NPO 団体から1人、公募による一般の方3人を合わせた7名のチームを編成し、約4カ月の期間

で、社会課題に取り組む NPO の事業における課題解決をめざした。団体については、若者のキャリア支援と女性の自立支援の 2 つのテーマを選び、数ある団体から 3 つの候補を選んだ。人事部は自ら参加の意思を示した希望社員と個別に面談を行い、「自分自身の成長にどんな課題をもっているのか？」、「このプロジェクトから何を持ち帰りたいのか？」を十分話し、確認したうえでメンバーを絞った。仕事とプライベートのほかに新たな世界をもつには、相当強い意志と自身の成長に対するコミットがない限り、継続は難しいからだ。プロジェクト期間中は毎月 1 回、参加者全員と人事部によるセッションを実施して、参加者の意欲が下がらないよう工夫をした。単に進捗状況を確認するだけでなく、参加メンバーの学びや気づきを共有するなど、自身の振り返りの時間を設けた。プロジェクト終了後、参加者にアンケートを行ったところ、「自分の成長につながる学びがあった」「自分の業務に還元できた」「これこそリーダーシップを鍛える研修だ」などポジティブなコメントから、参加者が高い満足度と成果を得ていることが確認できた。

　なお、このような経験を踏んだ人材のどのような能力が伸びるのかについて、NPO 法人「二枚目の名刺」がサポートプロジェクトに参加した全メンバーへのインタビューを通じて調査を行っている。その結果、サポートプロジェクトによる越境学習を通じて、大きく 7 種類の能力が開発されることがわかったという（図表6-6）。7 種類のうち、前半 3 種類はいわゆる “攻め” の能力である。つまり、物事が決まっていないゼロベース状況でも自ら物事を決定し、動かしていくリーダーシップの能力といえる。一見相反するような「攻め」と「守り」の両方向のリーダーシップスタイルを学ぶことができたようである。興味深いのは、事後評価について本人評価と他者評価を比較した場合、本人評価よりも他者評価が高いという結果である。このような違いが起こる理由は、これまで十分だと考えていた能力を「まだまだ」と感じるようになったからだ（松井、2015）といえるだろう。外部の世界や人々とふれたことで参加者の目線があがった結果、自身の能力について厳しい目をもつようになったことが考えられる。本人は気づいていなくても、周囲から「行動が変わった」といわれるような変化が起きているのではないかという。

図表 6-6　「NPO サポートプロジェクト」を通じた能力開発項目

"攻め"の能力	①ミッションドリブン	お客様・パートナーのミッションに共感しながら、自分自身のミッション/問題意識をもって表明し、それに基づいて物事の実現をめざす
	②アントレプレナーシップ	**着地点が曖昧な状況のなかでも、**物事の実現に向けて段取り、意思決定を行う
	③セルフグロース	自分一人ではできないことを自覚し、他者のフィードバックを受け入れながら、**自分の課題を常に認識している**
"守り"の能力	④ダイバーシティマネジメント	個々のメンバーが**多様な思い**をもっていることを前提とし、その思いを確認しながら、意思決定への参画や合意形成を促す
	⑤チームビルディング-1	チームの主体的立場として、**メンバーの共通認識を作る時間と場を作り、**メンバーを信頼して役割を任せる
	⑥チームビルディング-2	チームの一員として、多様性を理解することが難しいことを認識し、コミュニケーションを通じて**信頼関係**を築き、具体的な共通認識を作り上げる
	⑦スタビリティ	曖昧な状況のなかでも、**包容力のある態度を示しながら、**成果だけにとらわれずメンバーの成長を重視する

出所：NPO 法人「二枚目の名刺」作成。

　組織の枠を超えて社外経験を積んだ人材が、組織および現場に学びを還元しようとしたときに起こるであろうと想定される内部組織との衝突や軋轢をどのように人事部がサポートしていくかというのは、考慮すべき最優先の課題である。プロジェクトに参加したメンバーが社外の経験をもち帰り、組織で活用し、本業に還元することは、個人の能力開発、また個の成長を組織の成長に結びつけるという当社のキャリア・マネジメントの観点からも重要である。前プロジェクトに参加したメンバーには今後プロジェクトを支援する立場として加わってもらい、サポートプロジェクトの認知向上と自身の成長に向けて、社内外で学び続ける組織や風土づくりの実現をめざしている。

　今後も、組織の枠を超えて個人の能力を高めたいと考える人材が、バウンダリレスに、すなわち、組織の枠を超えたプロジェクト型スタイルの働き方が拡大することが予想される。新しい体験型リーダーシップ型のプログラムを一過性のもので終わらせないために、引き続き価値を検証しながら改善を行っていく予定である。そして経営の中枢を担う人事部門こそが、組織の枠

を超えて学ぶ姿勢をみせていくことが求められる。こうしたプログラムは、バウンダリレス・キャリアによる自己イノベーション促進の例であるだろう。

●参考文献

Duckworth, Angela（2016）*Grit: the power of passion and perseverance.*（神崎朗子『やり抜く力 GRIT（グリット）　人生のあらゆる成功を決める究極の能力を身につける』ダイヤモンド社、2016 年）

Dweck, Carol S.（2006）*Mindset: The New Psychology of Success.*（今西康子訳『マインドセット「やればできる！」の研究』草思社、2016 年）

Pink, Daniel H.（2009）*Drive: the surprising truth about what motivates us.*（大前研一訳『モチベーション 3.0　持続する「やる気！」をいかに引き出すか』講談社、2010 年）

石山恒貴（2015）『時間と場所を選ばないパラレルキャリアを始めよう！「二枚目の名刺があなたの可能性を広げる」』ダイヤモンド社.

入山章栄（2015）『ビジネススクールでは学べない世界最先端の経営学』日経 BP 社.

中島豊（2003）『非正規社員を活かす人材マネジメント』日本経団連出版.

松井孝憲（2017）「越境学習を科学する」.
　http://magazine.nimaime.com/ekkyougakusyu_3/

米倉誠一郎（2015）『二枚目の名刺：未来をつくるイノベーション』講談社.

（志水静香）

第7章
障がい者のキャリア・マネジメント
インクルージョンの視点から

第1節 障がいのある人が働くことの意味

1 「共生社会」の考え方

　本章では、障がいのある人のキャリア・マネジメントを考える。障がいの
ある人のキャリア・マネジメントを障がいのない人のそれと区別して考える
必要はあるのだろうか。そもそも障がいのある人にとって、働くことはどう
いう意味をもつのだろう。

　障がいがある人が働くことについて、かつては「障がい者は働けない」、
あるいは、「無理に働かせるのはかわいそう」といった考え方が根強くあった。
近年、その考え方は大きく変わりつつあるとはいえ、「特別な人たちの問題」
「特殊な課題」という印象をもつ人は多い。実際に働いている場所にも違い
があり、政策面でも特別な取り組みが行われている。筆者もこの分野の政策
に初めて携わったころは違いにばかり目が行った。これを払しょくしてくれ
たのはある社長の言葉だ。「企業の経営者は、常に従業員のいいところを見
つけて、それを最大限に生かして会社全体の収益を上げようと考えている。
経営者はそのプロなんだ。障害があってもなくても『従業員』としては同じ
こと」という。これは、障がい者のキャリア・マネジメントを考えるときの
重要な考え方だろう。

　障がいのある人たちは働くことをどう捉えているのだろう。このことを考
えさせられる出来事があった。障がい者政策の基本を定める障害者基本法が
2001 年に改正されたとき、検討に加わった障がい当事者の人たちが「障害

者の福祉の増進」という文言を条文から削除することを提案した。「障害者の福祉の増進」は第1条の目的規定にもあるこの法律の中心概念だ。提案の理由は、「福祉の増進は確かに重要だが、福祉の増進を強調しすぎると、障害者は福祉の助けを借りて生きている人という印象が強まり、障害者はこの社会を共に支える仲間であるということが忘れられてしまうリスクがある」からだという。この提案を受けて、基本法の目的は、それまでの「障害者の自立及び社会参加の支援等のための施策を総合的かつ計画的に推進し、もつて障害者の福祉を増進する」ことから、「全ての国民が、障害の有無にかかわらず、等しく基本的人権を享有するかけがえのない個人として尊重されるものであるとの理念にのつとり、全ての国民が、障害の有無によつて分け隔てられることなく、相互に人格と個性を尊重し合いながら共生する社会を実現する」ことへと書き換えられた。「共生社会」という概念が全面的に打ち出されたのだ。

　「社会をともに支える仲間」という言葉は胸に響く。先の社長の言葉ともつながる。障がい者が「働く」ということを考えるうえでも「ともに働く仲間」「ともに職場を支える仲間」と考えることで、ついつい「特別視」しがちな障がい者の雇用もぐっと身近なものとなり、頭を整理しやすくなるだろう。本章は、この考え方を頭に置きつつ、障がい者のキャリア・マネジメントについて考えていきたい。

　そこで最初の問いに立ち返ろう。「障がい者にとって働くことの意味は何か」という問いを「私たちにとって働くことの意味は何か」と問い直してみよう。私たちにとって働くことは、①収入を得ること、②仕事を通じて成長すること、③仕事を通じてやりがいを感じること、④仕事を通じて社会に貢献すること、⑤仕事を通じて人間関係を築くことなど様々な意味合いをもっている。最近は、仕事をすることによって健康を保つことができるといったことも、高齢者雇用などの面で強調されるようになった。これらすべてについて本章でふれることは難しいが、こうしたことを実現できるかが、障がい者のキャリア・マネジメントを考えるうえでも重要な視点になることに留意しておこう。

2 社会環境の重要性

　働くことの意味は障がいがあってもなくても同じだとしても、その実現のための環境整備については工夫が必要になる。これに関して、山崎泰広さんの言葉は示唆に富む。山崎さんはアメリカ留学中に事故で脊椎を損傷し、車いす生活となった。帰国後、車いすをはじめ優れた福祉機器を世界中から輸入、販売する会社を設立した。山崎さんは講演で「アメリカで障害者になってよかった。手術が終わり目覚めたとき、医師が車いす生活になることを告げた上で、『あなたはあなたの夢を変えなくていい。ただ、夢を実現する方法が変わるだけです。』と言った。まだ日本では、あなたの夢をあきらめなさい、障害を早く受容しなさいと言われることが多い。」と話した。そして、「立てる車いす」の写真をみせてくれた。立った姿勢を保持するように作られている車いすだ。理美容師や歯科医など、立って仕事をする人たちが使うためのものだという。立つことができなくなったからその職業を続けるのは無理、あるいはそれをめざすことはあきらめろというのか、それとも、どうすればその仕事に就けるのか、続けられるのかを考え、機器の開発や職場環境整備を進めるかで、結果は全く違うものとなる。

　障がいは固定的なものと捉えられがちだが、脊椎損傷という「心身機能」の障がいは同じでも、立てる車いすがあれば、立って作業をするという「活動」が可能になり、例えば美容師として働くという社会への「参加」が実現できる。固定的に捉えがちな障がいゆえのハンディは環境因子などにより大きく変わるものであり、最終目標である「参加」やその基礎となる「活動」をどう実現するかは社会環境によって大きく変わる。こうした考え方は、WHO の ICF（国際生活機能分類）における「生活機能構造モデル」（図表7–1参照）に沿うもので、世界では一般的な考え方となりつつある。障害者基本法でも「障害者〔とは〕……心身の機能の障害（以下「障害」と総称する。）がある者であつて、障害及び社会的障壁により継続的に日常生活又は社会生活に相当な制限を受ける状態にあるもの」（第2条）と定義されている。障がいがあるから働けない、こういう障がいがあるからこういう仕事はできない、という思い込みから解放されること、発想を変え、社会環境を変えることが求め

図表 7-1　国際生活機能分類（ICF）の生活機能構造モデル

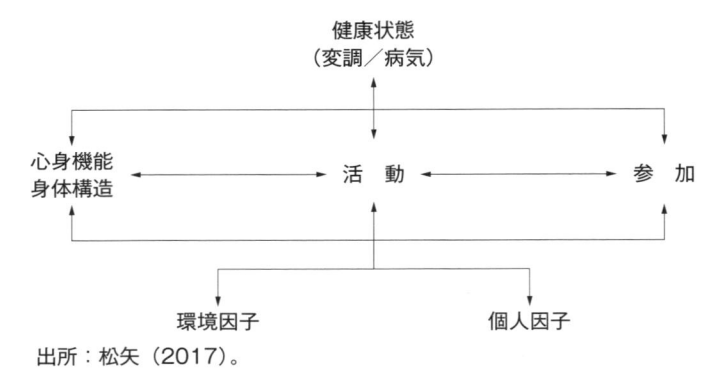

出所：松矢（2017）。

られている。

第 2 節　障がい者の雇用・就労支援のための政策

1　働く障がい者はどれだけいるか

　それでは、社会の発想を変え、環境を変えることはどこまで進んでいるだろうか。その前提として、まず働く障がい者の現状について概観しよう。

　図表 7-2 は、わが国の障がい者の就労の状況をみたものだ。障がい者の総数は、788 万人、人口のおよそ 6 ％程度を占めている。このうち、病院や入所施設にいる人を除くいわゆる在宅の 18 歳以上 65 歳未満の者に限ってみると 324 万人、内訳は身体障がい者 111 万人、知的障がい者 41 万人、精神障がい者 172 万人と、精神障がい者が最も多い。これが、障がいがある人が「働く」ということを考える際の母数だと考えていいだろう。

　このうちいったいどれだけの人が働けているのだろう。調査で把握できる規模 50 人以上の企業や官公庁等で働く障がい者は 45 万人だ。それより小さな規模の企業等で働く人については、他の統計等から類推してほぼ同じぐらいと仮定すると、企業などで働いている人（後で解説するが、本章では「一般就労」という）は合計しても 100 万人に満たない。また、障がい者福祉施設で働いている人（同じく「福祉的就労」という）の数は 30 万人弱だ。両者を合わ

図表 7-2　障がい者の就労の状況

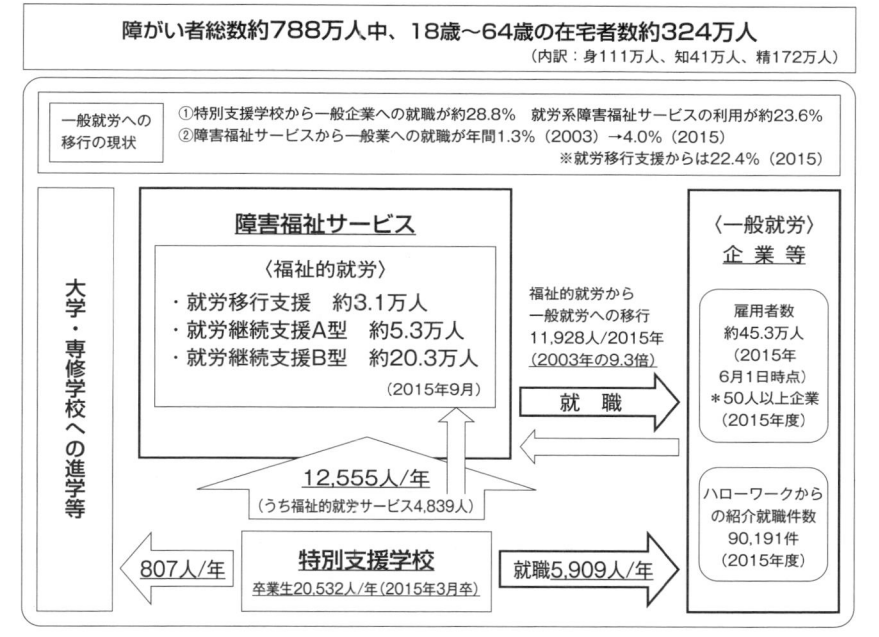

出所：社会福祉施設等調査、国保連データ等。

せても、324 万人の 4 割にすぎない。ちなみに、日本全体で 20 歳以上 65 歳未満の人のうち就業している人の割合は 82 ％だ。また、別の統計によると「働いていない」障がい者のうち「働きたいと思っている」人は半分近くいる。障がいのある人で「働きたくて、働けるのに、働いていない人」がたくさんいることが想像できる。

　現状では、障がいのある人が働いている場は大きく 2 つに分かれている。「一般就労」と「福祉的就労」だ。民間企業や商店、官公庁など、通常の職場で働くことを「一般就労」と呼ぶ。労働者は事業主と雇用契約を結び、労務を提供して、対価としての賃金を得る。一方、障がいのある人の就労を支援することを目的として特別に作られた場所で、公費を使った就労支援サービスを受けながら働くことを「福祉的就労」と呼ぶ。**3** で詳しくみるが雇用契約を結ぶ場合と結ばない場合がある。「共生社会」の考え方からいえば、

障がいがあっても障がいのない人たちと同じ職場で働く、すなわち、一般就労が理想だろう。しかし、現実問題として、直ちに一般就労をすることが難しい場合もある。また、どんなに障がいが重くても、働く機会を得られるようにしようと考えれば、支援が手厚い特別な就労の場も必要だ。そこで、様々な働く場を作る努力がどのように行われているか、障がいのある人の「働く」を支援する政策をみてみよう。

2　障がい者雇用政策

まず、一般就労を支援するための「障害者雇用政策」をみてみよう。

1）法定雇用率制度

わが国の障がい者雇用政策は「障害者雇用促進法」に基づいて進められている。同法の第2条には、「障害者である労働者は、経済社会を構成する労働者の一員として、職業生活においてその能力を発揮する機会を与えられるものとする。」と基本理念が謳われ、第5条で、「すべて事業主は、障害者の雇用に関し、社会連帯の理念に基づき、障害者である労働者が有為な職業人として自立しようとする努力に対して協力する責務を有するものであつて、その有する能力を正当に評価し、適当な雇用の場を与えるとともに適正な雇用管理を行うことによりその雇用の安定を図るように努めなければならない。」と事業主の責務を定めている。1960年に制定された法律だが、「共生」の理念に近い考え方が示されており、当時としては画期的と言えるだろう。

この法律の中心となるのが、「法定雇用率制度」だ。事業主には国の定める障がい者雇用率以上の障がい者を雇用する義務が課される。この雇用率は次の算式で求められる。また、公的機関には、これより高い雇用率が適用される。

障がい者雇用率＝（障がい者である常用労働者の数＋失業している障がい者の数）/（常用労働者＋失業者）

この雇用率は、達成されれば障がいのある人と障がいのない人の失業率は同程度になるという考え方に基づく計算式となっていて、機会の均等を図ろうとする思想がみえる。また、障がいのある人で、働こうという意欲をもち

実際に求職活動をする人が増えれば、それに伴って分子の数が大きくなり、法定雇用率が高くなる。実態を反映しつつ物事を進めていく点など、よく考えられた制度だと思う。

　この算式に基づいて一般企業に適用される法定雇用率は 2.0 %、国、地方公共団体は 2.3 %、教育委員会（学校）は 2.2 %などとなっている（2017 年現在）。この雇用率を下回っている企業等に対しては、指導・勧告・企業名公表が行われる。わが国の労働関係の法律のなかでいわゆるクォータ制をとっている

図表 7-3　法定雇用率の対象となる障がい者の範囲の変遷

> 1976年、身体障がい者を対象とする雇用率制度を創設。1998年には、知的障がい者を法定雇用率の算定基礎の対象に追加。さらに、2018年4月から、精神障がい者を法定雇用率の算定基礎の対象に追加（※）。
> ※施行後5年間は激変緩和措置として、身体障がい者・知的障がい者を算定基礎として計算した率と身体障がい者・知的障がい者・精神障がい者を算定基礎として計算した率との間で政令で定める率とする。

各企業が雇用する障がい者の割合（実雇用率）を計算する際の対象には、知的障がい者を1988年に、精神障がい者を2006年に追加。

精神障がい者

実雇用率に追加
精神障がい者を雇用した場合は、身体障がい者又は知的障がい者を雇用したものとみなす。

法定雇用率の算定基礎の対象
「身体障害」と「知的障害」と「精神障害」

知的障がい者

実雇用率に追加
知的障がい者を雇用した場合は身体障がい者を雇用したものとみなす

法定雇用率の算定基礎の対象
「身体障害」と「知的障害」

身体障がい者

法定雇用率の算定基礎の対象
「身体障害」のみ

1976年 10月	1988年 4月	1998年 7月	2006年 4月	2018年 4月

出所：厚生労働省作成。

のは障がい者雇用だけで、かなり強力な行政手段と考えてよいだろう。

　この制度は、ゆっくり発展してきている。制度の対象となる障がい者の範囲（図表7-3）をみると、1975年の制度のスタート時点では、雇用率制度の対象は身体障がい者のみだ。1998年に知的障がい者が加わり、2018年からはようやく精神障がい者が加わる。知的障がい者や精神障がい者を制度の対象に追加するときには、2段階の措置が取られている。第1段階では、法定雇用率の算定の基礎には加えない、しかし、実際に企業が雇用した場合にはその企業の実雇用率（雇用している障がい者数/従業員数）としてカウントする。すなわち、義務は課さないが、やれば実績として評価する。こうしてある程度実績ができた時点で、第2段階、すなわち法定雇用率の算定基礎に加えるという段階に進む。

　精神障がい者については、2017年現在、実雇用率にはカウントされるが法定雇用率の算定の基礎には入っておらず、2018年から算定基礎に加わる。最初の5年間は激変緩和措置として、計算式に基づく雇用率より低い雇用率が定められることになっており、一般企業に適用される雇用率は、2018年4月から2.2%、2020年からは2.3%となる。

　法律には、障がい者雇用に伴う経済的な負担を調整する仕組みとして、「障害者雇用納付金制度」が定められている。雇用率を達成していない企業は不足する障がい者の数に応じて納付金を納め、雇用率以上の雇用を実現した企業には超過達成した障がい者数に応じて調整金（中小企業には報奨金）が支給される制度だ。納付金は、障がい者雇用に取り組む企業の費用負担を支援する各種の助成金の財源ともなっている。障がい者雇用には一定の追加的なコストがかかるという現実を踏まえて、法律を遵守する企業としない企業の間の経済的な不平等だけでも解消しようとする仕組みだ。

　雇用率を定めて企業に強制的に障がい者雇用をさせることには、弊害があると指摘されることもある。法律を守ることだけが優先され、雇用環境の整備などを行わないまま、「雇っている」という実績だけを作ろうとする企業が現れないかという懸念だ。こうした懸念に対して、障がい者雇用率は「宿題」だと考えると、制度の意味が理解しやすいのではないだろうか。障がい

者雇用は「特別」なことでハードルが高いという先入観は強く、法定雇用率というきっかけ、原動力があって初めて雇用に踏み切る企業も多い。実際、障がい者雇用で優れた取り組みをしている企業の取り組みのきっかけが、法定雇用率を下回っていて役所から指導を受けたからということがままある。そうしたことを考えると、「宿題」には大きな意味がある。そこから、自分の会社のための、そして働く人のための障がい者雇用になるよう、どのように工夫を重ねるかが重要なポイントだ。宿題は、「勉強をする」きっかけであり、いずれは、「自分のために、進んで勉強する」ようになることが理想だ。実際、多くの子供が学年が上がるにつれて自分で勉強するようになる。

2）特例子会社

　障害者雇用促進法の定める制度のなかで、少し特殊な存在である特例子会社の制度についてふれておきたい。これは、事業主が「障害者の雇用に特別の配慮をした子会社」を設立し、一定の要件（意思決定機関の支配、役員派遣等）を満たす場合には、その子会社に雇用されている労働者を親会社に雇用されているものとみなして、雇用率を算定できる仕組みだ。

　知的障がい者や、最近では精神障がい者を雇用することを主目的とした特例子会社の設立が増えていて、そこに雇用される障がい者の数も急速に伸びている。一般就労という範疇にありながら、障がい者に配慮した特別な環境を創るという意味では、福祉的就労に近い側面をもっている。障がい者側からみて障がいの特性に合った環境を用意してもらいやすい、送り出す学校や福祉の場からみたときに安心して送り出せる、同じ障がいをもつ仲間が一緒に働けるなどプラスの側面も多い。しかし、「障がい者は特例子会社で働く」という図式になれば、親会社での障がい者雇用が進まないし、親会社で働いている人にとっては、働く障がい者は遠い存在のままだ。また、賃金等の労働条件も親会社と大きく異なるといったことになれば、差別的な意味合いをもつ危険性もはらんでいる。会社全体での障がい者雇用の理念や実態、子会社だからこそ実現できる雇用環境など多角的な視点からみていく必要があるが、障がい者雇用推進の大きなツールとなっていることは評価できる。

3　障がい者福祉政策における就労支援

　次に「福祉的就労」を推進している障がい者福祉分野における就労支援の
政策を簡単にみよう。

　福祉分野での就労支援は、かつては大きな問題を抱えていた。ひとつは、
一般就労へ押し出す力が弱いことだ。福祉の分野にも、能力開発、職業訓練
の場はあったが、結果として一般就労に結びついていなかった。福祉的就労
から一般就労への移行は年間に１％強。「最初にどちらの門を叩いたかによ
って、その後の運命が決まる」、すなわち、学校卒業の際にたまたまハロー
ワークなど労働関係の機関などの門を叩いた人は一般就労の道が開かれ、た
またま福祉的就労の場の門を叩くと、その後の一般就労への道は閉ざされる
といわれていた。「永遠の訓練」とも呼ばれた。

　２つめは、福祉の場で就労をする場合、労働者は働いているにもかかわら
ず労働法制、例えば労働基準法、労災保険法、最低賃金法などの保護のもと
におかれない。これは「差別」ではないかという点だ。

　３つめは、工賃の低さだ。平均工賃は月額１万円強だったが、これは障が
いによるものというより、むしろ事業者の経営力の低さによるものではない
かとの指摘も強かった。

　こうした考え方を踏まえて、2006 年に施行された障害者自立支援法で就
労支援策は大幅に強化され、その後の障害者総合支援法に引き継がれた。

　現行の就労支援の事業は、「就労移行支援事業」「就労継続支援 A 型事業」
「就労継続支援 B 型事業」の３つの類型に分かれている。就労移行支援事業は、
一般就労が可能と見込まれる人が通う場所で、ここで一定期間の訓練を経て、
企業等への就職をめざす場だ。訓練期間は通常２年となっている。

　A 型、B 型はともに一般就労で働くことが困難な人のための就労の場だ。
障がい者はここで支援を受けながら働き、報酬を得る。このうち A 型は、
雇用契約を結んで働く場で、労働法制の適用があり、賃金を受け取る。一方
B 型は雇用契約を結ぶのが難しい人のための場で、労働法制の適用はなく、
報酬は工賃の形で受け取る。また、A 型や B 型で働くなかで能力を高め、
一般就労へ移行していくことも推奨されている。

　労働法制の適用のない B 型を制度として設けることについては、多くの議論があったが、一方で、労働法制適用の前提となる雇用契約に基づき使用者の指揮命令に従って役務を提供し、これに対する対価としての報酬を受け取る形での働き方が難しい人がいることも事実だ。この場合、いわば「生活介護」のための福祉施設に仕事ができる場を設けることも、政策的な選択肢のひとつであったが、「介護をされる場所」ではなく「働く場」に通いたいという切実な声を受け、最終的に B 型が設けられることとなった。障がいのある人にとって「働く」ことがいかに大切であるかを物語るエピソードだ。

　こうした政策の変化により、福祉的就労の機能も強化された。その政策効果が上がっているかどうかは第 3 節でみることとしよう。

4　障害者権利条約と「合理的配慮」

　政策面でもうひとつふれておきたいことがある。障害者権利条約の批准とこれに対応した国内法の整備だ。

　障害者権利条約は、障がい者の権利および尊厳を保護・促進するための包括的・総合的な国際条約で、わが国は、2013 年「障害者差別解消法」の制定や、障害者雇用促進法律の改正などの国内法制の整備を進め、2014 年同条約を批准した。

　障害者差別解消法は、雇用以外の様々な分野で、国や地方公共団体、事業者等に対して障がい者に対する「不当な差別的取扱いを禁止」するとともに、「合理的配慮の提供」を求めている（合理的配慮の提供については、国、地方公共団体等は法的義務、事業者は努力義務）。例えば、役所で様々な手続きをする、飲食店で食事をする、旅館に宿泊する、公共交通機関を利用する、部屋を借りる、学校などにおいて教育を受ける場合において、正当な理由なく障がいを理由としてサービスの提供を拒否することや、場所や時間帯などを制限すること、障がいのない人には付けない条件を付けることなどが禁止された。また、障がいがある人から、バリアを取り除くために何らかの対応を求められたときには、負担が重すぎない範囲で対応することが求められる。これを「合理的配慮」といい、自分で書類を書くことが難しい人に代筆をする、意

思を伝えるために絵や写真を使う、段差にスロープを付けるなどが例として挙げられる。

　雇用の分野においては、障害者雇用促進法が改正され、差別禁止、合理的配慮の提供ともに民間企業にも法的に義務付けられた。

　障がい者の雇用の観点からは、もちろん障害者雇用促進法にこの規定が盛り込まれたことは重要だが、実際に「働く」ためには、通勤や住居の確保、また、出張・営業活動など職場外の活動、余暇、自己啓発など様々な場面があるので、差別解消法により広い分野で差別の解消が図られることは重要であり、この法律の施行の状況にも関心をもっていくことが重要だ。

第3節　障がい者の雇用・就労の現状と課題

1　伸びる障がい者雇用

　こうした政策の効果は上がっているのだろうか。まず、一般就労からみよう。図表7-4 は、障がい者雇用の推移をみたものだ。2016 年 6 月 1 日現在、民間企業（障がい者雇用率が適用になる 50 人規模以上の企業、法定雇用率 2.0 ％）に雇用されている障がい者は47.4 万人で、13 年連続で過去最高を更新している。うち、身体障がい者は 32.8 万人、知的障がい者は 10.5 万人、精神障がい者は 4.2 万人であり、絶対数はまだ小さいものの、近年精神障がい者の伸びが大きいことが注目される。

　実雇用率は 1.92 ％で、5 年連続過去最高となった。企業規模別にみると規模が大きい企業ほど雇用率は高い。一方、法定雇用率を達成している企業の割合は 48.8 ％といまだ半分に満たず、雇用率が高い大企業（企業規模 1000 人以上）においても 58.9 ％で、法の遵守という点では課題が残っている。

　公的機関の雇用率をみると、国 2.45 ％（法定雇用率 2.3 ％）、都道府県 2.61 ％（同 2.3 ％）、市町村 2.43 （同 2.3 ％）、教育委員会 2.18 ％（同 2.2 ％）などとなっていて、教育委員会（小中高校）がわずかだが、まだ法定雇用率を下回っていることは大きな課題だろう。

　また、特例子会社の数も、10 年ほどの間に会社数で 2 倍以上の 448 社に

図表7-4　障がい者雇用の状況

（2016年6月1日現在）

○民間企業の雇用状況
　雇用者数47.4万人（身体障がい者32.8万人、知的障がい者10.5万人、精神障がい者4.2万人）
　実雇用率1.92%　法定雇用率達成企業割合48.8%
○雇用者数は13年連続で過去最高を更新。障がい者雇用は着実に進展。

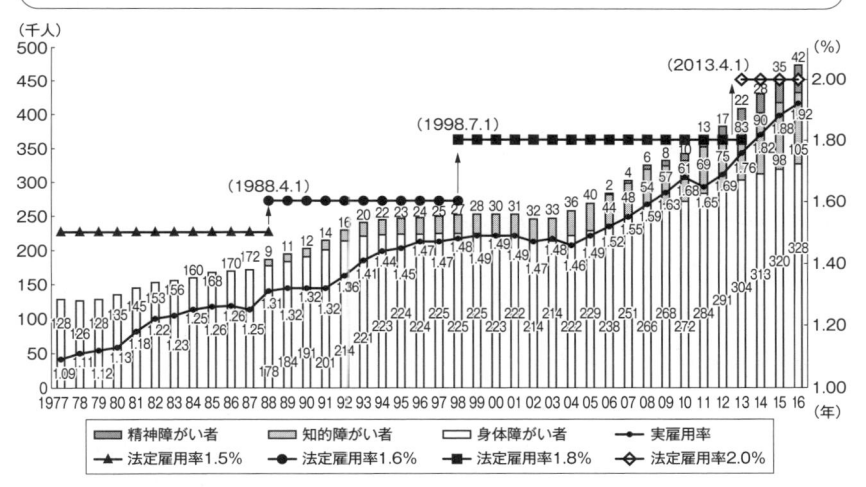

出所：厚生労働省「障害者雇用状況」集計結果。

増え、働く者も3倍以上の1.9万人となった。

　雇用者数は近年急速に増加しているが、いくつかの課題もみられる。5割を超える未達成企業をどう減らしていくか、今後雇用率が引き上げられることに伴い、より小規模の、これまで障がい者を雇用したことのない企業がこの課題にチャレンジすることをどう支援するか、新たに法定雇用率の算定基準に加えられる精神障がい者をはじめ、障がいの種別に応じて人的資源管理のノウハウをどう開発し雇用を進めるか、企業のなかで加齢により労働能力の低下してきた労働者をどう処遇していくかといった課題への対応が急がれる。また、これまでは雇用の場の確保に注目が集まっていたが、実は配置、昇進、能力開発、賃金水準など、良質な雇用の場の確保という面で、差別がないのか、また、十分に活躍のチャンスが与えられているかといった点は、

これまで十分に検証されてきていない。こうした点についても実態把握をし、課題を明らかにして、施策を進めていく必要がある。

2　進み始めた福祉からの移行

　次に、福祉における就労支援の実績についてみよう。2015 年、福祉的就労の場で働く者は、就労移行支援 3.1 万人、A 型 5.3 万人、B 型 20.3 万人と合計で 30 万人に近づこうとしている（図表 7-2）。福祉の場とはいえ、「働く場」に参加する障がい者は着実に増加している。

　一般就労への送り出しについてみよう。先にみたように、企業側の障がい者雇用の意欲は年々高まっている。障がい者雇用に関する企業の法遵守の意識の高まり、精神障がい者を法定雇用率の算定対象とすることに伴う法定雇用率の上昇等に伴い、企業の雇用は今後もさらに増大することが見込まれる。こうしたなかで、図表 7-2 にある通り、2015 年の福祉的就労から一般就労への移行は、4.1 %、1.2 万人が一般企業等へ就職している。絶対数として大きくはないものの 2003 年との比較では 9.3 倍にも増えている。中心的役割を果たすことを期待される就労移行支援事業所からの移行率は 22.4 %だ。実績は徐々に上がりつつあるが、移行支援事業でありながら、移行実績が全くない事業者が 3 分の 1 に上っており、事業の質の担保は喫緊の課題だ。

　一方、一般就労への移行の実績が上がると、移行後の定着支援、フォローアップが事業者の大きな役割となってくる。こうした機能は企業側からみても重要で、この部分の強化が必要となっている。

　A 型は、急速に事業所数が増加している。そのなかで、労働者の平均賃金は 2006 年の月 11 万 3007 円から 2014 年の月 6 万 6412 円に低下している。事業者のなかには時間単価でみると最低賃金を守っているものの、働く人の意向にかかわらず就業時間を一律に短く抑え、結果として報酬額が低くなるなど不適切な事業所があり、質の担保が求められている。

　B 型も急速に事業所の数、利用者が増加している。一般就労でも A 型でも雇用が難しい人に対する労働の場であることを考えれば、報酬の高さだけで評価できるものではないが、2014 年の平均工賃は月 1 万 4838 円で 2006

年の月 1 万 2222 円よりは増加しているものの、その水準はいまだ低く、この点は大きな課題となっている。

第4節　障がい者の雇用の進化に向けて

　一般就労の増加、福祉的就労から一般就労への移行、福祉の場で就労する人の増加など、課題は残っているものの「働く」という形の社会参加は確実に広がっている。しかし、それだけで十分だろうか。冒頭にみた、収入、成長、やりがい、社会への貢献、人間関係などの「働く意味」に照らせば、雇用の場の確保のみでなく、その質もあらためて問われるだろう。こうした課題の解決に向けて何をすればいいだろうか。そこへのチャレンジのヒントとなるものを紹介していこう。

1　「強みを生かす」発想

　実際には、障がいのある人はどこでどのような仕事に就いているのだろうか。車いすの人が事務をする、知的障がいの人がパンやクッキーを作るといった例は、すぐに思い浮かべることができる。障がいがあってもそれがハンディとならない仕事、あるいは、比較的簡単な仕事、負荷の少ない仕事についていると想像しがちだ。だが、実際の就労はそうした私たちのイメージを超えて多様だ。

　ある光学機器メーカーの特例子会社では、こだわりの強い自閉症の社員を多く採用し、そのこだわりを活用して高級顕微鏡は自閉症の社員が、ふつうの顕微鏡は障がいのない社員が作っている。

　ある印刷業者では、知的障がいの人が、名刺のコンピューターへの入力を担当している。難しい人名や地名などを一種の「図形」として捉え、正確に入力を行っている。

　高度な技術者で全盲の社員が、自らの生活体験を生かしつつ、顔認識のソフトを開発する世界最高レベルの研究に従事している。

　知的障がいの人たちが介護や保育の場で活躍する機会も増えた。障がいの

ない人たちより高齢者や子供に寄り添ったケアができるという。

　障がいをハンディとしない工夫を超えて、障がいをむしろ個性や強みとするような働き方も増え、職場も仕事も多様化をしている。こうした動きは、企業が、また、社会全体が経験を積むに従って増加していくだろう。

　ストレングス・ファインディングという人材育成の手法を障がい者雇用に取り入れようとする検討も進められている。ベースになるのはアメリカで開発された手法で、仕事に関係する 34 の資質のなかから、各人がどの資質を強くもっているかを明らかにし、それを活かせる仕事に就いてもらうという手法だ。重要なことは、人に比べて何が優れているかではなく、自分のなかで何が優れた資質かであり、それを活かせることが個人の能力発揮、組織のパフォーマンス向上につながるという。その人（国）の得意を活かすほうが、社会全体にとって得だという考え方は、古くから国際経済論の分野で「比較優位の理論」として知られてきたが、これが人的資源管理面でも実践されようとしている。こうした考え方は障がいの有無にかかわらず使える手法であり、これからの研究、実践が期待される。

2　企業における障がい者雇用の理念の確立

　大手企業のトップが集まる勉強会で、障がい者雇用の目的について３つの側面から達成度を議論していた。ひとつめは「コンプライアンスへの対応」、つまり「宿題をこなす」ため、２つめは「CSR（企業の社会的責任）としての対応」、そして３つめは「企業の成長に資する対応」、つまり本業に貢献する戦力として位置付けていくことだ。これは「この会社をともに支える仲間」と位置付ける発想と捉えることができる。

　また、ある航空会社（第４章参照）では、特例子会社で蓄積したノウハウを全企業グループに発信して、全社の障がい者雇用を進めるとともに、障がい者のみならず「ダイバーシティ」の推進のための基本理念そのものを企業内に確立すべく努力している。多様な人材が活躍することによって、組織のパワーアップに、新しい価値の創造につなげようといった動きも出てきた。

　女性の雇用で多くの企業等がすでに学んだことだが、政府からいわれたか

らやる、社会から非難されないためにやる、あるいはほめてもらうためにやるというのでは、取り組みは長続きせず、また、効果も出にくい。本当の意味で「会社にとって必要」という位置付けができて初めて持続的な取り組みができるし、本人の能力発揮も実現する。「会社のため」という観点に立てば、「障がいのある人が活躍できるか」ではなく、「社員全員が力を発揮できる組織になっているかどうか」、「個性の異なる人がいることで組織の発想が柔軟になっているか、新しい価値を創造できているか」ということになる。その意味で、本章の冒頭の社長の言葉は、企業におけるダイバーシティの意味を端的に表現している。

3　科学技術の力で「社会環境」を変える

　医療や科学技術の発達による就労のチャンスの拡大も目覚ましい。重い障がいで在宅、あるいは施設に入所している人であっても、コンピューターと通信技術を活用することによって、在宅、あるいは入所のままで仕事をするといったケースがみられるようになってきた。眼だけが動く、指の先が動くなどによりコンピューターの操作は可能であり、多様な仕事をこなすことができる。テレワークは障がいの有無を問わず広がりつつあり、障がいをもつ人の可能性を広げつつある。本人は自宅で、職場には本人の代わりを務める「身代わりロボット」が出勤といった様々な形が生まれつつある。
　また、職種が限定されると考えられがちだった視覚障がいの人たちも読み上げソフトでふつうに事務系の職業に就くようになり、視覚障がいを補う簡便なタブレット型の機器なども開発されつつある。
　障がいは変えられなくても環境を変え、「活動」や「参加」を実現できるようになり、「障がいが重いから」「○○という障がいがあるから」できないという仕事は減っていくだろう。私たちの意識のほうがその変化に遅れないようにすることが重要になってくるかもしれない。

4　「社会全体で雇用を支える」という発想

　就労の場は多様になってきた。一般就労、そのなかでも特例子会社、福祉

的就労として移行支援、A型、B型などがある。そのなかで、どうやって各人に最も適した職場を選ぶのだろうか。要介護認定などの仕組みに倣い、労働能力を客観的に判断し、活躍の場所を決められないかという試みは様々ある。一方で、障がいは多様であり、かつ、仕事は多様である。また、職場環境も多様だ。Aという仕事では全く能力が発揮できない人も、Bという仕事では大きな能力を発揮する。そう考えると働く人の「能力の高低」というよりも「どのような能力をもっているか」「何が強みか」ということと、職場に「どのような仕事があるか」「どのような環境が作れるか」ということを見極めたマッチングが必要となる。その組み合わせは千差万別だ。

　結局は雇用する側と働く側がお互いをよく知ることが重要だ。職場見学などは大事な手段になる。企業が、学校や福祉施設と日ごろから密接に連携をとれることが大事だろう。これに関しては、これまであまり意識されていなかった一般就労から福祉的就労へという流れにとっても大切になってくる。高齢になって体力や労働能力が低下した場合、精神障がいをはじめとして疾病などが悪化したときなどに、その状況に合った福祉的就労の場に移れる仕組みは重要だ。

　また働く人の暮らしは、通勤、教育、余暇、住居など、多面的な要素で成り立っており、生活面での安定があって初めて安心して働くことができる。今後精神障がいの人の雇用が増える、がんの人が治療を受けながら就労するなどのケースが増えれば、医療もきわめて重要になる。そうした意味では、地域の様々な分野と雇用の場が連携していくこともこれからの大きな課題だろう。障がいを取り巻く地域のネットワークに、企業が積極的に参画していくことが重要になるだろう。

5　「包摂的な成長」をめざして

　少子高齢化はこの国が直面する最も大きな社会課題となっている。支え手をどう増やすかは、この国の最も大きな政策課題だ。

　2013年、厚生労働省の雇用政策検討会がまとめた報告書は、少子高齢化に伴う労働人口が減少するなかでわが国がめざすべき雇用の将来ビジョンを

提言している。やるべきことは2つ、ひとつは「危機意識をもって『全員参加の社会』を実現すること」、もうひとつは「社会全体での人材の最適配置・最大活用」であり、その2つを進めることによって「仕事を通じた一人ひとりの成長と、社会全体の成長の好循環」をめざすべきだとしている。

　障がいの有無にかかわらず、全員が「働くこと」に参加でき、最も自分に適した仕事に就くことができる、そして仕事を通じて成長し、それを通じて職場の発展があり、さらには社会全体の発展がある。そう考えれば、これは障害者基本法のめざした「共生社会」の理念を雇用の場に置き換えて表現したものといえるだろう。誰もが年を取り、また、ある日突然病気になったり事故にあうかもしれない。「支える人間」と「支えられる人間」という2種類の人間がいるわけではない。「誰もが社会を支える」、「誰もが、必要な時には社会に支えてもらう」ことができることが「共生社会」のめざすところだ。

　こうした考え方は、日本のみならず、先進国の雇用労働の分野ではメインの考え方になりつつある。G20の雇用労働大臣会合のこの3年ほどのテーマをみると、最も重要な考え方として「包摂的な成長」が謳われている。女性や障がい者、若者など、多くの人が雇用の場に参加をする形での経済成長だけが持続可能だという考え方だ。

　障がい者雇用は「特別な人」のための施策ということではない。障がいのある人を含め、すべての人の力を活かせる雇用管理こそが組織を発展させ社会を発展させる。障がいをもつ人の「働く」を実現することは、ともに社会を支える仲間を増やすことだと考えると、キャリア・マネジメントの意義がみえてくる。

●参考文献
松矢勝宏編著（2017）『障がい者の仕事場を見に行く』童心社.

（村木厚子）

索　　引

【編著者略歴】

二神枝保（ふたがみ　しほ）　　序章・第1章・第2章・第3章

横浜国立大学大学院国際社会科学研究院教授、京都大学経済学博士、チューリッヒ大学客員教授、ILO（国際労働機関）客員教授、WHU客員教授、ボルドー・マネジメント・スクール客員教授、ケッジ・ビジネス・スクール客員教授、日本学術会議連携会員、厚生労働省障害福祉サービス等報酬改定検討チームアドバイザー。

［主要著書］

『人材の流動化と個人と組織の新しい関わり方』多賀出版、2002年（単著）

『コラボレーション組織の経営学』中央経済社、2008年（共著）

Shiho Futagami et al. *Economic Integration in Asia: Towards the Delineation of a Sustainable Path*, Palgrave Macmillan, 2014.

『障害者雇用とディスアビリティ・マネジメント』中央経済社、2017年（共著）ほか多数

［主要論文］

「女性管理者に関する一研究」『経営哲学論集第10集』1994年（経営哲学学会研究奨励賞受賞）

「コンティンジェント・ワーカーの働き方：理論的イシューと実践的インプリケーション」『産業・組織心理学研究』第13巻第1号、2000年（産業・組織心理学会若手研究活動支援賞受賞）

Shiho Futagami 'Zeitarbeiter in Japan' *PERSONAL*, Heft 11, 2006.

Shiho Futagami et al. 'Emerging Female Entrepreneurship in Japan' *Thunderbird International Business Review*, Vol. 51, No. 1, 2009.

Shiho Futagami et al. 'Stand und aktuelle Herausforderungen des japanischen Hochschulsystems' *Hochschulmanagement*, Heft 1, 2010.

Shiho Futagami et al. 'Can Women Avoid the Rice Paper Ceiling? A SWOT Analysis of Entrepreneurship in Japan' *SAM Advanced Management Journal*, Vol. 82, No. 2, 2017.

Shiho Futagami et al. 'Employment Challenges in Japan: Age and Gender Dimensions' *Japan Studies Review*, Vol. XXI, 2017. ほか多数

［教育受賞歴］

平成25年度横浜国立大学ベストティーチャー賞受賞

村木厚子（むらき　あつこ）　　第7章

1978年労働省に入省、女性政策や障がい者政策に携わり、2008年に雇用均等・児童家庭局長を務めた後、内閣府政策統括官（共生社会政策担当）、厚生労働省社会・援護局長を歴任し、2013年7月から2015年10月まで厚生労働事務次官を務める。津田塾大学総合政策学部客員教授、伊藤忠商事社外取締役、住友化学社外取締役、SOMPOホールディングス社外監査役、大阪大学男女協働推進センター招へい教授、高知大学地域協働学部客員教授。

［著書］

『あきらめない：働くあなたに贈る真実のメッセージ』日経BP社、2011年（単著）

『私は負けない：「郵便不正事件」はこうして作られた』中央公論新社、2013年

『女性官僚という生き方』岩波書店、2015年（共編）

『日本型組織の病を考える』角川新書、2018年（単著）

【著者略歴】（執筆順）

河本宏子（かわもと　ひろこ）　　　　　　　　　第4章

1979年全日本空輸株式会社（ANA）に客室乗務員として入社。国内線乗務、初期ANA定期国際線を担当。客室本部人材開発部、客室本部長を経て、2014年常務取締役執行役員として女性活躍推進、オペレーション部門副統括等を担当。2016年に取締役専務執行役員、2017年ANA総合研究所代表取締役副社長に就任。現在に至る

野水克也（のみず　かつや）　　　　　　　　　第5章

サイボウズ株式会社社長室フェロー。テレビカメラマンとディレクターを8年、家業である零細建設業の代表を経て、2000年サイボウズ入社。広告宣伝担当をはじめ、営業部マネージャー、販売戦略担当、サイボウズOfficeなどの製品責任者、マーケティング部長、クラウド販売責任者を歴任。副業で現役カメラマンとしても活動中

志水静香（しみず　しずか）　　　　　　　　　第6章

（株）Funleash代表取締役。大学卒業後、日系IT、自動車メーカーなどを経て1999年ギャップジャパンに転職。人事本部長として人事制度を確立。数々の先進的な施策を導入し、Catalyst Award受賞。2013年法政大学大学院政策創造研究科修士課程修了。2017年ランスタッド入社、取締役・最高人材開発責任者（CPO）を務める。2018年に設立した（株）Funleashの代表を務めつつ、大学やNPOなどで組織開発・人材育成の顧問・アドバイザーとして活動中

キャリア・マネジメントの未来図
ダイバーシティとインクルージョン
の視点からの展望

2017 年 10 月 31 日　第 1 版 1 刷発行
2019 年 5 月 24 日　第 1 版 2 刷発行

編著者—二神枝保・村木厚子
発行者—森口恵美子
印刷所—美研プリンティング（株）
製本所—（株）グリーン
発行所—八千代出版株式会社

〒101
-0061　東京都千代田区神田三崎町 2-2-13

TEL　03-3262-0420
FAX　03-3237-0723
振替　00190-4-168060

＊定価はカバーに表示してあります。
＊落丁・乱丁本はお取替えいたします。

ISBN978-4-8429-1712-2